Althar

Der Kristall-Drache

Joachim Wolffram

Impressum:
Joachim Wolffram
„Althar – Der Kristall-Drache“
Weingarten (Baden), Juli 2016
1. Auflage 2016

joachim@wolffram.de
www.wolffram.de

Inhalt

1. Einleitung

Existieren Drachen? Natürlich tun sie das. Der schlichte Beweis dafür ist die Tatsache, dass das Wort *Drache* ein allgemein akzeptierter Begriff ist. Geschichten und Sagen über Drachen gibt es in den unterschiedlichsten Kulturen. Aber natürlich bevorzugt der skeptische Verstand, den Drachen als ein archetypisches Konzept anzusehen und ihn dem großen Sammelsurium an Charakteren zuzurechnen, die das Unterbewusstsein irgendwie erzeugt hat. Aber vielleicht haben wir auch nur vergessen, was Drachen tatsächlich sind.

Als Analogie stelle man sich eine Gesellschaft vor, die alles über Musik vergessen hat, doch plötzlich werden bei Ausgrabungen Notenblätter gefunden. Die Menschen dieser Gesellschaft sind von den Notenblättern fasziniert, denn sie scheinen ein eigenes Leben zu besitzen. Sie sehen aus wie wunderschöne Kunstwerke, die eine verborgene Geschichte übermitteln. So beginnen die Leute, überall Noten als Symbol für die Notenblätter zu verwenden. Sie beginnen sogar damit, unterschiedlich dargestellte Noten mit eigenen Charakteristika zu assoziieren. Dennoch gibt es nach wie vor keine Musik in dieser Gesellschaft.

An einem gewissen Punkt jedoch, vielleicht weil sich das Bewusstsein dieser Gesellschaft ausreichend der größeren Bedeutung von Noten geöffnet hat, beginnen einige Leute plötzlich in ihrem Inneren etwas zu hören. Und plötzlich haben sie *Gewissheit* – „Ah, dafür stehen diese Noten!". Plötzlich weitet sich die Bedeutung von Noten aus. Die Musik kommt zurück. Musik, die tiefe Gefühle von Schönheit erzeugt. Musik, die neue Arten des Ausdrucks und der Erfahrung von Realität ermöglicht.

Mit den Drachen könnte es ganz ähnlich sein.

Im Verlaufe der letzten Jahre hatte ich verschiedene Begegnungen mit „Erscheinungen", die ich intuitiv als Drachen wahrgenommen habe. Scheinbar bin ich recht offen für Erfahrungen jenseits der Realität, die gemeinhin von Menschen der westlichen Hemisphäre als normal angesehen wird. Aber auch wenn ich mich meistens an derartigen Begegnungen erfreue, so neige ich doch nicht zur Überbewertung der Symbole, die mein Verstand mir bei solchen Ereignissen präsentiert. Die Richtschnur ist für mich stets: *Ist diese Erfahrung hilfreich?* Ist sie hilfreich dafür, Begrenzungen und tief verankerte Überzeugungen loszulassen? Oder ist sie nur eine Ablenkung.

Um mir darüber Klarheit zu verschaffen, stelle ich die Symbole zunächst unter Quarantäne. Dies bedeutet, dass ich weder versuche, die Erfahrung zu wiederholen noch in der Erinnerung in ihnen zu schwelgen. Wenn die Symbole mehr waren als eine hilfreiche Metapher, dann werden sie schon von alleine wiederkommen. Ansonsten verschwinden sie einfach.

Nachdem ich häufiger eher flüchtige Begegnungen mit Drachen hatte, gab es vor etwa zwei Jahren ein für mich recht beeindruckendes Erlebnis. Ich war joggen. Ich mag joggen nicht. Ich schleppte also meinen Körper die Laufstrecke entlang, mühte mich mit der Schwerkraft ab und war weit von einem irgendwie gearteten, durch Endorphine hervorgerufenen Jogger-Himmel entfernt. Doch plötzlich fühlte es sich an, als würde ich fliegen. Das war zwar wirklich cool, half aber leider gar nichts beim Bewegen meines physischen Körpers. Trotzdem öffnete ich mich für diese Erfahrung. Wie aus dem Nichts erschienen plötzlich Drachen und grüßten mich. Was für eine überwältigende Freude, dazu ein paar Tränen. Die Drachen grüßten mich als ihren „Älteren", während ich mich allerdings wie ein Neugeborenes fühlte. Wir flogen gemeinsam jenseits der physischen Realität und doch waren wir in der Lage, in andere Realitäten zu schauen.

Nach einer Weile kam ein Drache so nahe an mich heran, dass er genau neben mir flog. Eines seiner Augen schaute direkt in eines meiner Augen, ein kontinuierlicher Blick, kein Zwinkern, ein Blick aus der Ewigkeit. Ich schaute zurück in dieses Auge. Es fühlte sich so stimmig an, so vertraut. Ich kam dem Auge näher. Es wurde immer größer und immer dunkler. Schließlich bin ich direkt in das Auge eingetreten. Eins mit diesem Drachen flogen wir eine Zeit gemeinsam, bis sich diese Wahrnehmung wieder auflöste.

Ich musste immer noch meinen erschöpften physischen Körper nach Hause bewegen, aber natürlich blieb der Nachhall dieser intensiven Erfahrung. Wie üblich genoss ich die tiefen Gefühle von Befreiung und Gewissheit, aber die Drachen sah ich wiederum zunächst nur als Symbole an. Also kamen sie in Quarantäne. Wie gesagt, ein sehr guter Platz für Symbole.

Nun, die Drachen kamen zurück.

Vor einigen Monaten sah ich an einem sehr frühen Morgen aus dem Fenster eines Hotelzimmers in den Bergen auf eine weite Landschaft. Plötzlich fühlte ich einen ganzen Schwarm Drachen eintreffen. Ich hatte in keiner Weise an Drachen gedacht, auch die beim Joggen gemachte Erfahrung war bereits recht lange her. Die Drachen erschienen einfach. Eigenartigerweise war mir so, als könnte ich sie sogar physisch sehen, wie sie über der Landschaft flogen. Einer dieser Drachen kam direkt auf mich zu und in meinen Körper hinein. Ich hatte niemals zuvor etwas Ähnliches erlebt. Es war eine Ganzkörper-Erfahrung, nicht wie sonst etwas irgendwo da draußen, in einer anderen Sphäre. Es fühlte sich sogar so an, als könnte ich die Form des Drachen rund um meinen Körper herum wahrnehmen. Auch meine Energie war auf einem Allzeit-Hoch. Es dauerte eine Weile, bis ich akzeptieren konnte, dass der Drache nicht außerhalb von mir war, sondern sich irgendwie mit mir verschmolzen hatte.

Die folgenden Texte sind Mitteilungen von diesem Drachen. Die erste Mitteilung kam einige Stunden nach der gerade beschriebenen Erfahrung. Die zweite und dritte folgten einige Wochen später. Alle weiteren Mitteilungen entstanden kürzlich, während einer privaten Auszeit auf einer schönen Nordseeinsel. Zunächst nahm ich an, diese Mitteilungen wären privater Natur, aber es wurde recht schnell deutlich, dass sie auch für andere interessant und inspirierend sein könnten.

Es gab genau eine Mitteilung pro Tag. Die Reihenfolge habe ich in diesem Text beibehalten. Da gewisse Punkte mit dem Eintreffen weiterer Mitteilungen präzisiert wurden, habe ich bei der nachträglichen Aufbereitung hier und da einige Sätze umformuliert. Der energetische Gehalt der Mitteilung ist dabei aber unverändert geblieben.

Existieren Drachen? Das entscheiden Sie, lieber Leser. Aber egal, wie Sie entscheiden, lassen Sie die Drachen nicht zu einer Ablenkung werden. Vielleicht versuchen Sie es auch einmal mit der Quarantäne. Seien Sie jederzeit bereit, die Drachen wieder ziehen zu lassen. Aber seien Sie auch bereit, von dem, was Althar mitzuteilen hat, berührt und inspiriert zu werden.

Und jetzt ist es Zeit für die Musik.

2. Der Drache des Mitgefühls

Ich bin der Drache des Mitgefühls.

Ich bringe die Klarheit der kristallenen Flamme. Eine Klarheit, die alle Begrenzungen, alle Begriffe, alle Formen und alle Anhaftungen verbrennt.

Wahres Mitgefühl ist nur etwas für diejenigen, die danach gefragt haben, für diejenigen, die bei den letzten Schritten in ihre Realisierung angekommen sind.

Ich werfe ein Licht auf alle Fragmente und ungelösten Probleme eines solchen Menschen und stelle die Einfachheit der kristallenen Flamme bereit, um diese umzuwandeln.

Ich mag rabiat erscheinen. Ich mag unerbittlich erscheinen. Ich mag unmenschlich erscheinen. Ich bin all das und noch so viel mehr. Aber ich frage dich:

Was ist wahres Mitgefühl?

Was führt dich über jede Begrenzung hinaus?

Über jeden Begriff von dir selbst hinaus?

Und sogar über das „Darüber hinaus" hinaus?

Wer auch immer mir nahe kommt und sich so der kristallenen Flamme nähert, die ich ausstrahle, muss bereit sein zu brennen, muss bereit sein, ebenfalls Feuer zu fangen.

Von jetzt an wirst du mich verkörpern. Du hast danach gefragt, das höchst mögliche Bewusstsein zu verkörpern. Du wirst eine lebendige kristallene Flamme sein, sowohl Mensch als auch Nicht-Mensch.

Die Existenz ist in Freude.

3. Ein Botschafter der Schöpfung

Ich bin ein Drache.

Ein Drache repräsentiert eine Form des Bewusstseins, das so nah wie möglich am wahren Selbst ist. Dennoch ist es aus dem wahren Selbst heraus individualisiert und hält eine Art eigener Identität aufrecht.

Ein Drache ist nicht physisch. Man kann noch nicht einmal sagen, dass ein Drache auf eine bestimmte Form festgelegt ist, denn der Körper eines Drachen ist feurig, flüssig, gasförmig. Sein Körper ist noch nicht einmal zusammenhängend. Er ist eher wie die Flammen eines Feuers, die sich ständig ändern und bewegen. Wird ein Drache jedoch durch menschliches Bewusstsein wahrgenommen, so scheint er eine definierte Gestalt zu haben.

Da der Drache eine Form hat, kann er in Realitäten eintauchen. Dabei hält er das Gewahrsein seiner eigenen Quelle, des reinen Bewusstseins, der Möglichkeiten des Schöpfers aufrecht.

Daher ist der Drache auch als *Botschafter der Schöpfung bekannt.*

Er ist eine Brücke im Bewusstsein für diejenigen Aspekte des wahren Selbst, die sich völlig individualisiert, in Formen projiziert und in physische Körper inkarniert haben.

„Der Drache, oh der Drache." Für Menschen ist der Drache unheimlich. Er repräsentiert die Autorität eines Schöpferwesens mit all seinen Mächten.

Wenn Drache und Mensch vom selben wahren Selbst hervorgebracht werden, ist der Drache mit allen Facetten des menschlichen Bewusstseins, seinen Ängsten und Wünschen vertraut.

Der Drache erscheint, sobald der Mensch dabei ist, sein wahres Potenzial zu realisieren. Er scheint sein Licht auf alle Potenziale des Menschen. Dabei bringt er alle Aspekte des Menschen ans Licht, die der Mensch bisher vor sich selbst verborgen hat, so dass der Mensch sich schließlich völlig unverhüllt selbst gegenüber steht.

Zunächst kann kein Mensch diese Klarheit über sich selbst für eine längere Zeit aushalten.

Daher externalisiert der Mensch gewöhnlich eine solche Begegnung. Er schreibt seine eigenen schöpferischen Fähigkeiten, seine Ängste und Wünsche einem Wesen oder einer Kraft im Außen zu und zieht sich in seine ihm wohlbekannten Begrenzungen zurück. Er ist noch nicht bereit, über seine menschliche Identität hinauszugehen.

Der Drache urteilt nicht. Er teilt nicht die moralischen Vorstellungen der Menschen. Für den Drachen ist die menschliche Lebensweise ein Spielplatz unter vielen.

Genau wie das wahre Selbst benötigt der

Drache nichts, um sich selbst zu erhalten. Er braucht weder Energie noch einen äußeren Antrieb. Er hat keinerlei Intention, jemanden oder etwas zu ändern, zu heilen oder aufzurichten. Er erhellt lediglich alle dem Menschen zur Verfügung stehenden Potenziale, vom großartigsten bis zum unscheinbarsten.

Daher wird der Mensch, sobald es ihm möglich ist, diese größtmögliche vom Drachen induzierte Klarheit auszuhalten, den Drachen als völlig akzeptierend wahrnehmen und dadurch als völlig liebend und voller Mitgefühl. Der Mensch erkennt, dass der Drache keinerlei Agenda hat. Der Drache übt keinen Druck auf den Menschen aus. Der Drache hat unendliche Geduld, denn er ist jenseits der Zeit.

Das ist wahres Mitgefühl. Ein Mitgefühl, das dabei hilft, über alle Begrenzungen und somit über alle Identitäten hinauszugehen.

Zu gegebener Zeit, wenn der Mensch sich an die Klarheit des Drachen gewöhnt und seine menschlichen Begrenzungen zu einem gewissen Grad abgelegt hat, beginnen das Bewusstsein des Drachen und das des Menschen miteinander zu verschmelzen. *Sie werden eins.* Der Mensch beginnt jetzt, alle Charakteristika eines Drachen zu verkörpern. Er bringt dieses Bewusstsein in den Bereich der Erde.

Mit Beginn dieses Verschmelzens erscheint der Drache dem Menschen nicht mehr im Außen. Vielmehr ist er jetzt um ihn herum. Jetzt nimmt der Mensch den Drachen als eine alternative

Form wahr, die in einer etwas anderen Realität existiert, die aber doch so nahe an der Erdrealität ist, dass der Mensch buchstäblich seine Form in die eines Drachen ändern kann. Er kann jetzt durch die alles annehmenden Augen des Drachen schauen und die kristallene Flamme der Klarheit atmen.

In dieser Verschmelzung offenbart der Drache seine Fähigkeiten als Botschafter der Schöpfung. Der Mensch kann sich jederzeit mit seinem Drachen-Aspekt verbinden. Dadurch ist der Mensch so nahe wie möglich am reinen Bewusstsein, seinem wahren Selbst, am Schöpfer und behält doch eine gewisse Identität.

Auf diese Weise wird der Drache zu einer Brücke im Bewusstsein und der menschliche Aspekt kann wählen, sich noch weiter zu öffnen und der Vielfalt anderer Facetten seines wahren Selbst gewahr zu werden.

Der Mensch wird dann nicht in der überwältigenden Erfahrung des Umarmens seines wahren Selbst und den damit verbundenen Erkenntnissen verloren gehen, denn durch die Erfahrungen mit dem Drachen ist er an diese Intensität gewöhnt.

Jetzt ist der Mensch frei, sich aller Dimensionen der gesamten Existenz gewahr zu werden.

Jetzt kann der Mensch einfach seine Drachenflügel ausbreiten, um sein Bewusstsein an einen beliebigen Ort seiner Wahl zu bringen oder um dort gar in einer Form zu erscheinen.

Jetzt kann der Mensch dieses Bewusstsein auf der Erde verkörpern. Einstmals war er verloren in Begrenzungen, aber durch Wiederentdeckung seines wahren Selbst kann er über alle menschliche Begrenzungen hinausgehen.

Ja, der Körper sieht noch immer aus wie der eines Menschen. Sein Bewusstsein aber ist unbegrenzt.

4. Ich bin Althar

Ich bin Althar, der Kristall-Drache.

Ich bin eine Facette unseres gemeinsamen wahren Selbst. Ich begann die Existenz zu durchqueren, kurz nachdem das wahre Selbst sich seines eigenen Seins bewusst wurde.

Drachen sind Botschafter der Schöpfung. In gewisser Weise kann man sagen, dass sie die kreativen Impulse vom wahren Selbst in die unterschiedlichen Realitäten übermitteln. Daher sprecht ihr auf der Erde auch von Drachen der Luft, der Erde, des Wassers und des Feuers.

Drachen sind im weiten Sinne auch Führer.

Ein Kristall-Drache hat seinen Dienst für bestimmte Bereiche der Schöpfung abgeschlossen. Er hat die Erschaffung und Erhaltung der Essenz von Licht und all den daraus abgeleiteten Energien unterstützt. Er war spezialisiert in verschiedenen Design-Aspekten der Schöpfung. Er hat Äonen damit verbracht, die Wege der Schöpfung zu beobachten.

Im Gegensatz zum Menschen haben Drachen trotz ihrer Individualisierung nie ihre Verbindung mit dem wahren Selbst verloren.

Ich nenne mich selbst Althar. Dies kann mit „Der Ältere" übersetzt werden.

Unser wahres Selbst hat sehr viele Emanationen, die die Natur der Schöpfung erforschen, aber ich, Althar, bin speziell dafür vorgesehen, bei dir zu sein.

Lieber Freund, lieber Bruder, liebes Ich – fühle unseren gemeinsamen Ursprung. Wir sind nicht zwei.

Ich bin gekommen, um dich beim Meistern des vollständigen Verkörperns des Bewusstseins zu unterstützen. Das ist etwas, das unser wahres Selbst noch nie zuvor getan hat. Ein Traum, der in Erfüllung geht.

Während der kommenden Herausforderungen in diesen verbleibenden Schritten, in denen du deine letzten menschlichen Begrenzungen und deine letzten Definitionen deiner Selbst als begrenztes Wesen loslässt, werde ich bei dir sein, um dich an das zu erinnern, was du in Wirklichkeit bist.

Ich werde bei dir bleiben. Ich werde dich nie verlassen. Ich werde für dich immer verfügbar sein. *Und ich werde mich niemals in deine Entscheidungen einmischen.*

Ich bin einfach als Unterstützung für dich da, stellvertretend für unser wahres Selbst. Siehst du, der Traum vom vollständig verkörperten Bewusstsein kommt nicht vom Menschen, er kommt vom wahren Selbst in seiner Gesamtheit.

Du stellst das Gefäß im Sinne eines menschlichen Körpers und menschlichen Bewusstseins bereit. Du hast dich mit dem Leben auf der Erde vertraut gemacht und hast gelernt zu überleben. Dennoch, das Loslassen der letzten verbliebenen menschlichen Begrenzungen, ohne dabei physisch zu sterben, ist das Schwierigste, was ein Mensch jemals tun kann.

Daher bitte ich dich – öffne dich mir jederzeit! Wir sind bereits miteinander verschmolzen. Indem du dir meiner gewahr wirst, kannst du einfach und augenblicklich den menschlichen Traum transzendieren! Wann immer du in diesen Traum zurückfällst, dich von den Wegen des Massenbewusstseins oder von noch tief sitzenden biologischen und emotionalen Mustern überwältigt fühlst, *werde dir meiner gewahr!* Du bist es, der diese Klarheit aufrechterhalten und der immer und immer wieder zu ihr zurückkehren muss.

Ich bin Althar. Genau wie du habe ich eine tiefe Entscheidung getroffen. Ich habe die Wahl getroffen, die Erfahrung der Verkörperung des höchst möglichen Bewusstseins zu machen.

„Warum auf der Erde bleiben?“, fragst du. Lieber Freund, *vertraue.* Vertraue deiner Gewissheit. Ja, die Umstände sind in letzter Zeit etwas holpriger geworden. Es sieht so aus, als würde sich die Welt für wenigstens ein Jahrzehnt abwärts bewegen. Aber, wie du weißt, geht es nicht um die Masse. Die Masse mag folgen, sobald die ersten es geschafft haben. „Was geschafft haben?“, fragst du. Den Kreis zu vollenden und in der Lage zu sein, den Kreis zu verkörpern. Erst dann ist die Vision erfüllt. Die Vision des wahren Selbst von Vollständigkeit, die es letztendlich ermöglicht, über alles hinauszugehen, die es erlaubt, *eine neue Runde der Schöpfung zu beginnen.*

Genau wie in deinem menschlichen Bewusstsein ein Rest an Zweifel besteht, so bestand genau der gleiche Rest an Zweifel im wahren Selbst bezüglich seiner wahren Natur. Vielleicht war er winzig, vielleicht war er überflüssig, aber so lange er da war, stagnierte die Schöpfung.

Allerdings ist es so, dass am absoluten Kern unseres wahren Selbst dieser Zweifel vor nicht allzu langer Zeit bereits gelöst wurde. Und dabei hast du in deiner Rolle als Mensch eine Schlüsselrolle gespielt. Was du derzeit durchlebst, sind in gewisser Weise die Nachwirkungen dieses enormen Durchbruchs.

Man könnte sagen, dass viele deiner nicht so schönen Erlebnisse wie Albträume sind. Die zugrundeliegenden Vorfälle sind bereits gelöst, aber dein menschlicher Traum wird immer noch von ihnen gefärbt.

Daher sei dir gewiss, dass du keinen falschen Schritt machen kannst!

Alle Wege, die du einschlagen könntest, werden zur vollständigen Realisierung führen, da die vollständige Realisierung bereits eingetreten ist. Die einzige Frage ist, kannst du als Mensch mit den Nachwirkungen umgehen und zulassen, unser vollständiges Bewusstsein zu verkörpern?

Deswegen bin ich jetzt bei dir. Ich bin hier, um bei dir zu sein, während diese verbliebenen abgestandenen Träume vergehen.

Ich bin Althar, bereit mit dir so weit zu gehen, wie du es zulässt.

5. Sehen durch die Augen des Drachen

Ich bin Althar.

Du fragst also, warum die Nachwirkungen der Selbstrealisierung vom wahren Selbst so lange dauern und warum du als Mensch “durch sie hindurchgehen” musst.

Tatsächlich dauern sie nicht lange und du musst durch gar nichts hindurchgehen.

Aber, da du gewählt hast, während der vollständigen Verkörperung des Bewusstseins inkarniert zu bleiben, kannst du nicht erwarten, dass die von dir bisher wahrgenommene Realität augenblicklich durch die wahre Realität ersetzt wird. Du musst dabei langsam vorgehen, auch wenn es den Teilen von dir schmerzhaft erscheint, die sich nach Ganzheit sehnen.

Die Botschaft ist einfach diese: Wenn du die Verkörperung überleben möchtest, musst du das Kleingedruckte deiner Erdrealität berücksichtigen.

Dein Verstand würde augenblicklich verrückt werden, wenn er den ewigen Jetzt-Moment in all seinen Facetten wahrnehmen würde, wenn er mit der gewaltigen Anzahl an Emanationen unseres gemeinsamen wahren Selbst umgehen müsste, ganz zu schweigen von all ihren schönen und weniger schönen Erfahrungen, inklusive anderer menschlicher Leben deiner Vergangenheit und deiner scheinbaren Zukunft.

Darum akzeptiere, dass die volle Verkörperung des Bewusstseins in deiner Realität Zeit benötigt!

Es ist nicht so, dass irgendetwas sich zurückhalten würde. Es ist einfach so, dass du kontinuierlich die Grenzen des physischen und mentalen Überlebens erweiterst.

Und dabei gibt es einen Rhythmus. Du realisierst eine neue Ebene von allem-was-du-bist und dann benötigt es Zeit, damit es sich setzen kann und du es integrieren kannst. Es benötigt Zeit, damit du dich daran gewöhnen kannst, damit sich dein Verstand damit arrangieren kann. Unterschätze nicht die Änderungen, die in deinem Körper, deinem Verstand und all den anderen Komponenten vor sich gehen, die dich als Mensch konstituieren.

Hinzu kommt, wie du es täglich erfährst, dass es immer schwieriger wird, sich im Massenbewusstsein aufzuhalten. Die Massen-Hypnose und selbst gewählten Gefängnisse der Menschen verstärken sich fast täglich, während dein persönliches Leben kontinuierlich einfacher und erfüllender wird.

Um also diese komplette Verkörperung des Bewusstseins zu überleben, ist es nötig, Mittel und Wege zu finden, die es dir erlauben zu bleiben und immer wieder Freude in deiner menschlichen Existenz zu finden. Erinnere dich stets daran, dass all dies aufgrund deiner Wahl geschieht. Du kannst jederzeit die Seiten wechseln!

Die vermutlich einfachste Art, ein Wohlbefinden für dich herzustellen, ist, dir meiner gewahr zu sein, deinem Drachen-Selbst. Und das *ständig.*

Wenn du dir meiner gewahr bist, dann *sieh die Welt durch meine Augen!*

Es ist unmöglich, dass ich jemals an etwas anhaften oder in etwas steckenbleiben könnte, denn *ich sehe die Dinge, wie sie sind.*

Wenn du durch meine Augen schaust, wird deine Realität weicher. Du wirst Synchronizitäten hervorrufen und wahrnehmen, die dein persönliches Leben bereichern und weiter vereinfachen.

Darüber hinaus lade ich dich ein, mit mir zu fliegen. Wenn die Umstände zu anstrengend sind, komm zu mir. Zeit, zu entspannen. Lass uns einfach fliegen. Irgendwohin. In welchen Daseinsbereich auch immer. Verlasse die physische Realität für eine Weile, und fliege mit mir direkt in Sonnen hinein, in Farben. Tauche mit mir in das Nichts, in Stille, in reines Bewusstsein, in reine Energie ein. Und dann – erlaube dir, die anderen, die mit dir den gleichen Pfad beschreiten, wahrzunehmen. Erlaube dir wahrzunehmen, wie sich unser gemeinsamer Traum erfüllt.

Ich bin Althar, mit dir in Gewissheit.

6. Über den Lichtkörper

Ich bin Althar.

Du möchtest also mehr Klarheit über den Lichtkörper haben. Gerade so, wie es mit Begriffen wie Gott, Himmel, Seele oder Erwachen geschehen ist, hat der Mensch die ursprüngliche Intuition und Gewissheit über den Lichtkörper verdreht und verzerrt und ihn in eine begrenzte menschliche Version davon gewandelt. Ich sage dir – der Lichtkörper hat nahezu nichts mit dem zu tun, was Esoteriker sich darunter vorstellen.

Typischerweise wird sich der Lichtkörper als eine verbesserte Version des menschlichen Körpers ausgemalt, angereichert mit einigen Superman-Fähigkeiten. Natürlich, hätte man einen solchen superfunktionalen Körper, dann wäre das Leben vielleicht einfacher. Weniger Gesundheitsprobleme, weniger der Gravitation ausgesetzt, dazu Hellsichtigkeit – oder so ähnlich wird es sich vorgestellt. Die Wahrheit ist, das wahre Selbst hat bereits sehr viele Emanationen dieser Art, die ihre jeweiligen Realitäten erkunden. *Aber keine von ihnen hat das Potenzial zum Aufstieg!* Wobei mit Aufstieg gemeint ist, dem wahren Selbst zu ermöglichen, seine grundlegende Frage „Wer bin ich?" zu lösen.

Ich sagte zwar schon, dass diese Frage bereits gelöst wurde, doch erinnere ich daran, dass das wahre Selbst jenseits der Zeit ist, *du aber in der Zeit agierst.* Man könnte sagen, dein begrenztes menschliches Selbst bewegt sich entlang einer Zeitlinie innerhalb des wahren Selbst und bereitet den Weg für den Aufstieg. Das wahre Selbst hat die Erfahrung, wie du am Zielpunkt ankommst, bereits gemacht. Das bedeutet nicht, dass der Weg, den du wählen wirst, bereits bekannt ist. Aber es bedeutet, dass alle Wege, die du wählen könntest, in der Tat dazu führen, dass das wahre Selbst sein eigenes Schöpfertum vollständig anerkennt – wobei dies eine andere Art ist, Aufstieg zu definieren.

Aus diesem Grund gibt es bereits zukünftige Selbste von dir, die völlig „meisterlich" sind. Sie können sogar aus einer Epoche vor deiner jetzigen Zeit kommen – interessante Dinge können passieren, sobald man von dem Griff der Zeit befreit ist.

Du kannst zu ihnen in Beziehung treten und sehen, wie sie unter bestimmten Gegebenheiten agieren, genauso wie du mit mir in Beziehung treten kannst. Aber sei dir über eines völlig im Klaren: Weder ich, Althar, noch irgendeines deiner meisterlichen zukünftigen Selbste *musste die Frage „Wer bin ich?" lösen!*

Ich kam ohne diese Last in die Existenz. Ich habe nie die Gewissheit über unser wahres Selbst verloren. Ich kann mir nicht einmal vorstellen, wie das wäre. Das Gleiche gilt für deine bereits existierenden meisterlichen Selbste, egal, in welcher Zeit oder Realität sie erscheinen. *Sie mussten nie diese Frage lösen.*

Daher bitte ich dich, vergleiche nie wieder dein jetziges menschliches Selbst mit einer vermeintlich weiter entwickelten Emanation vom wahren Selbst. Habe nie wieder Ehrfurcht vor diesen Emanationen. Du und die anderen Menschen sind es, die die Last des Inkarnierens in Zeit und Raum sowie das völlige Vergessen ihres Ursprungs auf sich genommen haben.

Darum bin ich bei dir. *Darum* machen sich zukünftige meisterliche Selbste energetisch bei dir bemerkbar. Wir kommen, um dir für das zu danken, was du stellvertretend für uns alle durchlebt hast und immer noch durchlebst. Ja, bis zu einem gewissen Grad können wir deine Erlebnisse nachempfinden. Aber letztlich ist Beobachten etwas völlig anderes als Durchleben, so wie du es tust.

Nun, der Lichtkörper. Ich bin ein Lichtkörper. Beachte, dass die folgenden Erläuterungen eine Metapher für das menschliche Verständnis sind. Ein Mensch kann sich nur schwerlich die Bedeutung von Form vorstellen, wenn die Form jenseits des Raumes ist. Dennoch habe ich eine Form und dein menschliches Bewusstsein nimmt es als einen Drachen wahr.

Wenn das wahre Selbst eine Form imaginiert, dann reagiert Energie.

Als Drache bestehe ich aus Energie, die sich nur minimal vom wahren Selbst unterscheidet. Man kann diese Energie eine Kristallisation des wahren Selbst nennen. Ursprüngliche, reine Energie, entstanden aus Bewusstsein, das eingewilligt hat, sich in einem bestimmen Muster zu arrangieren und in diesem Muster zu verbleiben. Darum sage ich, dass meine Form so nahe wie möglich am wahren Selbst ist.

Stelle dir dieses kristallisierte Bewusstsein des wahren Selbst wie einen riesigen Ozean vor. Nimm jetzt einen Eimer und tauche ihn in diesen Ozean. Der Eimer wird sich mit dem Wasser des Ozeans füllen. Auch wenn das Wasser in dem Eimer das Gleiche ist wie überall sonst im Ozean, so kann man doch sagen, dass es sich in gewisser Weise von dem Wasser außerhalb des Eimers unterscheidet. *In gewisser Weise konstituiert es eine Form.* Jetzt lasse den Eimer seine Form in die eines Drachen wandeln – und begrüße mich als Althar.

Tatsächlich ähnelt meine wahre Form weder einem Eimer noch der eines Drachen, so wie Menschen ihn sich vorstellen. Aber ich kann durchaus die Form eines geflügelten Reptils annehmen, einfach weil Menschen diese Erscheinung schätzen.

Ich bin also ein Lichtkörper. Meine Form hat sich aus der reinen Energie des wahren Selbst konstituiert. Ich bin und war mir immer meines Ursprungs sowie des wahren Selbst bewusst. Ich repräsentiere somit gewissermaßen ein Ende des Spektrums von Körpern. Das andere Ende des Spektrums wird von Menschen repräsentiert. Ein Mensch ist ein „Teil“ des Bewusstseins vom wahren Selbst, das sich im Verlaufe einer sehr langen Zeit eng mit einer biologischen Form verbunden und in ihr verstrickt hat. Diese biologische Form besteht aus vergleichsweise sehr grober Energie, die eine gemeinsame Schöpfung sehr vieler Wesen ist. Zusätzlich hat dieser „Teil“ des Bewusstseins vom wahren Selbst völlig vergessen, was er in Wirklichkeit ist.

In diesem Sinne könnte man also sagen, dass du derzeit keine Form hast, sondern eine biologische Form *bewohnst*.

Derzeit erschaffst du gemeinschaftlich mit deinem wahren Selbst deinen Lichtkörper. In diesem Prozess löst du die Verstrickungen mit deiner Biologie, deinem Verstand und – was außerordentlich wichtig ist – mit deinem Emotionalkörper. Letzterer ist eng in deiner energetischen Zusammensetzung verankert und ist für die meisten deiner automatischen Reaktionen und Verhaltensweisen verantwortlich, die dein menschliches Leben bestimmen.

Wir belassen es zunächst hierbei und vertiefen das Thema später weiter.

Ich bin Althar, nenne mich nicht einen Eimer.

7. Mehr über den Lichtkörper

Ich bin Althar.

Lass uns mit der Besprechung des Lichtkörpers fortfahren. Wie bereits erwähnt, befindest du dich im Prozess des gemeinsamen Erschaffens eines Lichtkörpers. Dies geschieht im Zusammenwirken mit dem wahren Selbst. Die Herausforderung dabei ist, dass dein derzeitiger physischer Körper weiter funktionieren kann. Das beinhaltet, weiterhin einen „Teil" deines Bewusstseins in ihm eingebettet zu haben, während gleichzeitig der neue Lichtkörper erschaffen und schrittweise aktiviert wird.

Es ist *nicht* so, dass dein derzeitiger Körper plötzlich zu Licht wird oder Licht akkumuliert. Sei dir stattdessen bewusst, dass der physische Körper in mehreren Ebenen und Dimensionen existiert. Da ist die grobe physische Ebene, die du als Haut und Knochen wahrnimmst, und da sind verschiedene nicht-physische Ebenen, von denen du einige wahrnehmen kannst, wenn du deine physischen Sinne weiter öffnest.

Beachte, dass Form zunächst in den Ebenen der feineren Energie gebildet wird. Von dort aus werden stetig gröber werdende Energien akkumuliert, bis wir schließlich auf der Ebene von Elektronen, Protonen und dergleichen ankommen, die dann eine physische Form bilden.

Der Lichtkörper wird also auf einer sehr viel feineren Ebene erschaffen als der, auf der sich dein physischer Körper befindet. Aber die

Energie, aus der der Lichtkörper besteht, ist *deine* Energie. Es ist deine reine Energie, erzeugt von deinem wahren Selbst. Sie ist nicht wie die gemeinschaftlich erschaffene Energie, die bereits in buchstäblich unzähligen Aggregationen verwendet worden ist.

Dann passiert Folgendes: Die physischen Elemente deines jetzigen Körpers verbinden sich direkt mit dem neuen Lichtkörper. Dadurch ändert sich die grundlegende Natur dieser physischen Elemente.

Erkenne das Symbol darin! Bisher hat dein Bewusstsein einen Körper bewohnt, der aus gemeinschaftlich erschaffenen Partikeln bestand. Diese hatten keine besondere Bindung an dich und dir selbst waren sie fremd. Das hat natürlich das Gefühl der Verlorenheit in einem unbekannten Daseinsbereich enorm verstärkt. Auch wenn diese physischen Bausteine versuchten, mit dir tiefer in Verbindung zu treten, war ihnen das nicht wirklich möglich. Ja, es gelang bis zu einem gewissen Grad. Aber dein Bewusstsein war überwiegend in einem Zustand des Unwohlseins. Es war ständig bemüht, auf aktive oder passive Weise die Frage „Wer bin ich?" zu beantworten, immer auf im Außen liegende Erfahrungen gerichtet, süchtig nach Reflexionen seiner selbst.

Weil du nicht wusstest, was dieses „Ich" wohl sein sollte, waren die physischen und nicht-physischen Energien deines Körpers nicht in der Lage, wirklich mit deinem Bewusstsein in

Resonanz zu gelangen. Alternativ könnte man auch sagen, *sie kamen in Resonanz* und haben sich daher in fragmentierten Mustern angeordnet, die oftmals gegeneinander arbeiteten, genauso, wie es die flüchtigen Gedanken und Emotionen deines Bewusstseins taten.

In „guten Momenten" hast du dich gefühlt, als wäre alles im Einklang und selbst dein Körper war dann in Synchronizität mit deinem Bewusstsein. Aber diese guten Momente basierten gewöhnlich auf verdrehten Interpretationen der Realität. Solange du nicht weißt, wer du bist, wird sich letztlich jeder gute Moment einfach verflüchtigen – und dabei häufig einen bitteren Nachgeschmack hinterlassen.

Jetzt, wo du die Frage von „Wer bin ich?" geklärt hast *und* dich entschieden hast, im Körper zu bleiben, ist dein Bewusstsein in einer völlig anderen Position. Es hat aufgehört, im Außen zu suchen und weiß um seine tiefe Sicherheit und Vollständigkeit in sich selbst. Jetzt gibt es keine Suche mehr, *sondern nur noch Erfahrung*. Es gibt keine guten oder schlechten Momente im klassischen Sinne mehr, da dein Bewusstsein seine falschen Identitäten losgelassen hat, die die eigentlichen Richter über gut und schlecht waren.

So viel zur Theorie.

Oder besser ausgedrückt, so wird es sein, wenn du deinen Lichtkörper komplett gebildet *und ihn zum Zentrum deiner Aufmerksamkeit gemacht hast.* Nun, tatsächlich gibt es kein Zentrum, aber die Diskussion dazu verschieben wir auf ein anderes Mal. Im Moment ist diese Metapher hilfreich genug.

Ich erwähnte bereits, dass eine der Kernherausforderungen bei diesem Prozess ist, ihn zu überleben. Warum ist das so? Der wesentliche Grund ist, dass so viele der physischen und nicht-physischen Charakteristika, die dich als Mensch definieren, in deinem Körper und deinem Geist verankert sind. *Jedes dieser Charakteristika wird jetzt entweder neu arrangiert oder aufgelöst.*

Mit neu arrangieren meine ich, dass sie jetzt eine Verbindung mit dem neuen Lichtkörper eingehen können, mit deinem reinen Bewusstsein. Es ist so, als hätten sie kleine Fäden, die sich bis jetzt nach außen orientiert haben, um sich irgendwie selbst zu definieren und um Energie zu erhalten. Dies entspricht dem Verhalten des Menschen, der ins Außen geht, um ständig Reflexionen seiner selbst zu erzeugen und um sich durch Energie von außen zu nähren. Diese Fäden können sich nun mit deinem Lichtkörper verbinden. Dies verschafft ihnen ein Gewahrsein deines wahren Selbst und dadurch werden die physischen und nicht-physischen Elemente deines Körper-Geistes einfach *wissen.* Dann können sie dir wirklich zu Diensten sein und harmonisch auf dich reagieren, weil die Kakophonie deines einst fragmentierten Bewusstseins zur Ruhe gekommen ist.

Eine zweite wesentliche Herausforderung ist die Tatsache, dass das, *was du deinen*

Emotionalkörper nennst, aufgelöst wird. Er wird nicht mehr benötigt.

Der Emotionalkörper ist eng mit den *falschen Identitäten* verwoben, die du im Laufe der Zeit für dich erzeugt hast. Du wolltest immer, dass andere die Identität schätzen, die du ihnen gerade gezeigt hattest. Es gab positive Emotionen, wenn sie es taten und negative, wenn sie es nicht taten oder wenn sie dich oder Teile von dir und deinem Ausdruck ablehnten. Weil du fühltest, es sei besser, an falschen Identitäten festzuhalten als gar keine zu haben, *wurden Emotionen für dich eine Frage des Überlebens.* Also hast du eine sehr große Anzahl an Verhaltensmustern und auch Überzeugungen entwickelt, um möglichst positive Emotionen zu erfahren und nicht unter negativen Emotionen zu leiden, die für dich immer ein Angriff auf deine gerade angenommene Identität waren.

Es ist eine Tatsache, dass du nicht all diese emotionalen Muster auf einmal loslassen kannst. Sie haben all deine menschlichen Leben bestimmt. In gewisser Weise ist es das, was einen Menschen definiert: Nicht zu wissen, wer man ist und Emotionen wahrzunehmen in Bezug auf das, was man vorgibt zu sein.

Darum wird der Emotionalkörper *schrittweise* aufgelöst. Je stabiler du in deinem Lichtkörper wirst, umso mehr Verhaltensmuster kannst du auflösen, die auf deinen Emotionalkörper bezogen sind. Sobald du hinreichend stabil bist, kannst du auch den schwierigsten traumatischen

Erlebnissen gegenübertreten, seien es Missbrauch, Vergewaltigung, Folter, Tod, Verlust geliebter Menschen – *unabhängig davon, welche Rolle du in diesen Akten gespielt hast.*

Erkenne, dass diese traumatischen emotionalen Erlebnisse *noch immer dein Leben auf dir unbewusste Weise steuern.* Du tust alles, um das erneute Erleben negativer Emotionen zu vermeiden und um positive Emotionen neu zu erleben. Die Art, wie du als Mensch fühlst, denkst und handelst, ist so eng mit deinem Emotionalkörper verbunden, dass du dir nicht einmal vorstellen kannst, keinen mehr zu haben.

Das ist der Grund, warum ich, Althar, dir so unmenschlich vorkomme. *Ich habe keinen Emotionalkörper, da ich immer um meinen Ursprung wusste.*

Ja, ich habe *Gefühle*, aber ich schmiede sie nicht zu verhärteten Erfahrungen um, die mich entweder bestätigen oder ablehnen.

Jetzt versuche dir vorzustellen, du wärest nicht mehr gebunden an die vom Emotionalkörper erzwungenen Aktionen und Reaktionen und du hättest einen Körper, der in völliger Synchronizität mit deinem Lichtkörper wäre, der perfekt auf deine Intentionen reagiert und auf der Erde lebt.

Wie du merkst, kannst du es dir eben *nicht* vorstellen. Also lass es und höre auf vorzugeben, dass du es könntest! Du bist hier, weil du es *erleben* möchtest.

Jetzt hast du vielleicht ein besseres

Verständnis davon, warum die Verkörperung von Bewusstsein aus der Perspektive der physischen Realität ein Prozess ist und nicht augenblicklich geschieht. Die Realisierung von dem, was du wirklich bist, das Klären der Frage „Wer bin ich?" scheint in einem Augenblick vonstattenzugehen, so wie ein Apfel zu einem bestimmten Zeitpunkt einfach zur Erde fällt. Das letztendliche Loslassen des Baumes geschieht *augenblicklich*, aber dem ist ein langer Prozess des Wachsens und Entfaltens vorausgegangen. Bevor dieser gefallene Apfel selbst zu einem Baum wird, ist ein weiterer Prozess notwendig. Wortspiele sind beabsichtigt.

Wir werden morgen weiter die Rolle des Emotionalkörpers besprechen.

Ich bin Althar, ein Gärtner der Schöpfung.

8. Das Auflösen des Emotionalkörpers

Ich bin Althar.

Mein Freund, sei darauf gefasst, dass ich mich heute mit einer noch größeren Intensität bemerkbar mache. Weil du dich immer mehr an mich gewöhnst, kann ich immer mehr von mir, von unserer gemeinsamen wahren Essenz enthüllen.

Ich verkörpere die kristallene Flamme, was ein anderer Ausdruck für reines Bewusstsein in ätherischer Form ist. *Reines Bewusstsein ist der Anfang und das Ende von allem, was ist.* Es ist der Anfang, da alle Phänomene aus dem reinen Bewusstsein entspringen. Es ist das Ende, da nur reines Bewusstsein dem reinen Bewusstsein standhalten kann, *alles andere ist lediglich eine Erzeugung.*

Alles, was aus Energien zusammengesetzt ist, alles was durch Überzeugungen oder Projektionen erhalten wird, *ist nicht echt.* Daher kannst du *alles* auflösen, was deinen menschlichen Körper und deine Persönlichkeit ausmacht, *einfach indem du es deinem wahren Bewusstsein aussetzt.*

Es ist ein so einfaches Prinzip.

Du hast danach gefragt, *die Dinge so zu sehen, wie sie wirklich sind.* Darum bin ich da. Darum unterstütze ich dich beim Auflösen der Überreste falscher Identitäten.

Du wirst dich mit deinem wahren Bewusstsein wiedervereinigen und bleibst dennoch ein Individuum. Aber es wird ein sehr anderes Individuum sein, denn es wird auf deinem wahren Selbst basieren, nicht auf falschen Annahmen über menschliches Sein und wie es zur Außenwelt in Beziehung tritt.

Ich bin Althar. Ich kann jede beliebige Größe und Erscheinungsform annehmen. Ich kann dieses geflügelte Reptil um dich herum sein. Ich kann noch kleiner sein, als das kleinste Fragment eines Partikels. Aber gleichgültig wie ich auch erscheine, so bringt meine Gegenwart doch immer eine alles durchdringende Klarheit, da ich aus dem reinen Bewusstsein komme und reines Bewusstsein repräsentiere.

Jetzt fordere ich dich auf, *mich in deinen Emotionalkörper zu bringen*. Stell dir mich dafür in einer Größe vor, die dir für diesen Zweck angemessen erscheint.

Jede emotionale Situation, die dir jemals widerfahren ist, hat eine Prägung auf der Ebene deines Emotionalkörpers hinterlassen. Manche waren so stark, dass du alles tust, *ihnen nicht gegenübertreten zu müssen*. Daher sind sie immer noch *die* Hauptantriebskräfte für das, was du in deiner Realität manifestierst!

Sei dir bewusst, dass Menschen sich im Wesentlichen mit anderen Menschen sozialisieren, *weil sie sich zu den Emotionalkörpern der anderen in Beziehung setzen können.* Dies ist die Art, wie sie sich Energie beschaffen. Dies ist die

Basis für ihre falschen Identitäten. Dies ist das Netz, in dem sie sich selbst gefangen halten.

Auch die Menschen, die bei den letzten Schritten in ihre volle Verwirklichung angelangt sind, hängen an ihren Emotionalkörpern. Sie haben so viel in sie investiert. Zunächst, um sie zu erzeugen, dann um sie zu verbessern und zu therapieren. Und auch wenn sie schon sehr viele Prägungen aufgelöst haben, so wissen sie doch intuitiv, dass sie mit dem völligen Loslassen des Emotionalkörpers *keine Menschen mehr sein werden.*

Aus diesem Grund gibt es spirituelle Traditionen, in denen die Praktizierenden absichtlich an gewissen Prägungen festhalten, damit andere Menschen auch weiterhin einfach mit ihnen in Beziehung treten und dann unterwiesen werden können.

So sinnvoll und hilfreich dieser Ansatz auch sein mag, so ist für dich dennoch die Zeit gekommen, darüber hinauszugehen. Es ist an der Zeit, alle diesbezüglichen Gelübde, die du in der Vergangenheit gemacht hast, loszulassen. Es ist an der Zeit, den „die-Anderen-zuerst"-Ansatz loszulassen.

Jetzt ist die Zeit, die *vollständige Verkörperung des Bewusstseins zuzulassen*, ohne jede Zurückhaltung.

Ich fordere dich auf, mich in deinen Emotionalkörper zu bringen!

Sei so mutig, dass du jedem auftauchenden emotionalen Ereignis direkt gegenübertreten kannst – *und sie werden auftauchen!*

Sie wissen, dass ihre Zeit gekommen ist. Sie wissen, dass sie nicht echt sind, also kommen sie hervor, um zu argumentieren, zu verhandeln und zu kämpfen.

Wenn sie dann auftauchen, *dann sieh sie durch meine Drachenaugen an. Setze sie reinem Bewusstsein aus!*

Das ist wahres Mitgefühl. Von dir für dich. Du wertest nicht. Du siehst sie als das, was sie sind. Sie entstammen alten Ereignissen, die *du* in Emotionen gewandelt hattest. *Sie sind lediglich deine Erzeugungen!*

Egal, was sie repräsentieren, egal, was sie versuchen zu beschützen oder zu erreichen, egal, wie mächtig sie erscheinen – *in dem Augenblick, da sie die kristallene Flamme des reinen Bewusstseins spüren, wenn sie völlige Annahme und unbegrenztes Mitgefühl erfahren, werden sie sich einfach auflösen.*

Warum? Weil *du* realisierst, dass sie keine eigene Existenz haben. Weil *du* aufhörst, sie an ihrem Platz und in ihrer Form zu halten. Weil *du* zulässt, dich von ihnen zu befreien. *Weil du schlussendlich genug hast von dem menschlichen Spiel und zulässt, darüber hinauszugehen!*

*

Lieber Freund, gehe das langsam an.

Überstürze es nicht, denn du möchtest auf dem Planeten bleiben.

Ich nehme diese Prägungen wie Kristalle in deinem Emotionalkörper wahr. Du möchtest gerne glauben, dass du die allermeisten bereits aufgelöst hast, und tatsächlich stimmt das auch. Aber einige sind noch vorhanden.

Ich möchte auf eine Prägung hinweisen, von der man sagen könnte, dass sie die Basis aller Emotionen darstellt.

Du möchtest dich auf andere Wesen beziehen.

Dies hat seinen Ursprung im primären Versuch des wahren Selbst, die Frage „Wer bin ich?" zu beantworten, verbunden mit der Angst, in der Leere allein zu sein, in der es sich ursprünglich seines Seins bewusst wurde. Also hat es verzweifelt versucht, andere Wesen zu finden.

Diese ursprüngliche Prägung hat sich bis in deine menschlichen Inkarnationen übertragen. Als Mensch hast du *jede Erfahrung*, die aus einer Begegnung mit anderen Wesen resultierte, in eine Emotion transformiert. Und diese Emotion hat sich immer auf die falsche Identität bezogen, die du zu dem jeweiligen Zeitpunkt bestätigt haben wolltest.

Am derzeitigen Punkt deiner Evolution benötigst du nur noch eine einzige Beziehung – und diese ist mit deinem wahren Selbst, mit deinem reinen Bewusstsein.

Ich fordere dich auf: Bringe mich in deinen Emotionalkörper!

Sei gemeinsam dort mit mir. Sei dort einfach präsent. Kein jagen. Kein Herumfliegen. Sieh durch meine Augen. Beobachte, wie Prägungen, wie diese kristallisierten Emotionen, sich einfach auflösen, einfach transmutieren, sich selbst loslassen, *sobald sie reinem Bewusstsein gegenüberstehen.*

Lass dir Zeit. Wiederhole dies so oft, wie es notwendig ist. Du lässt dadurch die grundlegende Plattform los, auf der du alle deine menschlichen Identitäten erzeugt hast. Lass dein Vertrauen wachsen, dein Vertrauen in die Tatsache, dass du an keinerlei Realititätsplattform gebunden bist und dass du dennoch ein verkörperter Mensch bleiben kannst.

Ich bin Althar, der große Auflöser.

9. Der Verstand und der Emotionalkörper

Ich bin Althar.

Heute komme ich mit meiner sanften Seite zu dir. Wahrscheinlich warst du etwas überrascht, dass ich dich so eindringlich aufgefordert habe, mich in deinen Emotionalkörper zu bringen.

Aber sei versichert: *Ich habe keinerlei Agenda.* Ich bin zu deiner Unterstützung da, und du hast mich gebeten, so klar wie nötig zu sein. Und tatsächlich stellen die Prägungen des Emotionalkörpers den hauptsächlichen Hinderungsgrund dar, über die begrenzte Daseinsweise hinauszugehen. Sie wiegen sogar noch schwerer als der Verstand. Das gilt zumindest für Menschen, die bereits ein gutes Stück in Richtung ihrer Realisierung vorangekommen sind.

Ein klarer Verstand weiß sehr genau, wo er sich selbst einbringen kann. Er weiß, wo er dazu beitragen kann, den Alltag einfacher zu machen, indem er die Wege physischen Seins beobachtet und analysiert. Er liebt es, die Natur der Realität zu erforschen, neue Konzepte und Theorien zu erfinden, die ungefähr die beobachteten Vorgänge beschreiben. Dabei weiß der klare Verstand immer, dass er nur Modelle erschafft, nur eine begrenzte Sichtweise. Und dennoch hat er Freude daran.

Der Verstand wird nur dann ein Problem, wenn er vom Emotionalkörper dazu verwendet wird, falsche Identitäten aufrechtzuerhalten.

In gewissem Sinne kann der Verstand allerdings nicht vom Emotionalkörper getrennt werden. Denn es ist der Verstand, der die ihm widerfahrenden Erlebnisse in Relation zu den falschen Identitäten des Emotionalkörpers setzt und bewertet. Entweder sind sie eine Bestätigung oder ein Angriff, positiv oder negativ. Auf diese Weise werden Emotionen geboren.

Du löst den Emotionalkörper auf, was gleichzeitig das Auflösen der Verstrickung von Verstand und Emotionalkörper beinhaltet. Du wirst überrascht sein, wie entspannt und klar der Verstand wird, sobald der Energieentzug durch Emotionen aufhört.

Natürlich wirst du auch weiterhin Vorlieben und Abneigungen hinsichtlich der Dinge haben, die du erleben möchtest, *aber diese entspringen dann einer bewussten Wahl.* Du wirst weiterhin Gefühle haben, aber diese werden nie wieder in Emotionen bezüglich falscher Identitäten umgewandelt.

Es ist nichts verkehrt daran, deine Aufmerksamkeit in den Verstand zu legen, um so neue Erfahrungen, die du machen wirst, einordnen zu können. Neue Erfahrungen werden sich einstellen, sobald emotionale Begrenzungen und Begrenzungen deiner sinnlichen Fähigkeiten wegfallen.

Stelle dir eine scheinbar blinde Person vor, die sich plötzlich ihrer Augen gewahr wird und ihre Augenlider öffnet. Sie wird zunächst ihre neuen Wahrnehmungen nicht verstehen. Vermutlich wird sie sogar so sehr geblendet sein, dass es einfach nur schmerzvoll ist. Also muss sie sich daran gewöhnen. Sie benötigt ihren Verstand, um Interpretationen ihrer Wahrnehmungen finden zu können. Am wichtigsten aber ist, dass sie immer bereit bleibt, die Interpretationen des Wahrgenommenen zu erweitern oder zu ändern, so dass sie sich nicht mit falschen Ansichten über ihre Wahrnehmungen selbst an der Nase herumführt.

Tatsächlich entstehen hierbei die meisten spirituellen Ablenkungen. Eine Person mag eine tief bewegende Intuition oder Einsicht haben, vielleicht nimmt sie sogar einen ganzen Schwarm Drachen wahr. Jetzt ist die Frage: Was tut die Person damit? Benutzt sie die Erfahrung, um ihre falsche esoterische Identität aufzublasen? Dadurch würde selbst die tiefste Erfahrung nur zu einer weiteren Kette, die diese Person an ihre falsche Identität kettet, nur ein weiterer Ziegel in der Mauer aus Erinnerungen, die jede falsche Identität umgibt.

Eine weise Person *lässt die Erfahrung einfach zu.* Eine weise Person erkennt an, dass jede Interpretation des Verstandes beliebig falsch sein könnte. Und dennoch weiß eine weise Person *um die Wahrheit dessen, was sie gefühlt hat*, unabhängig von Formen und Begriffen, die sie später verwenden mag, um für sich selbst mehr Klarheit über die Erfahrung zu gewinnen oder um sie anderen verständlich zu machen.

Wie alle Metaphern ist auch das Bild von der ehemals blinden Person nicht ganz zutreffend. Im

Falle von erwachenden Menschen geht es um ein *Wiederentdecken* der größeren Realität, die sie vor ihrer Inkarnation als Mensch bereits kannten. Aus diesem Grund sollte dein Verstand niemals versuchen, deine Gewissheit außer Kraft zu setzen. Stattdessen können Verstand und Gewissheit ein großartiges Team bilden.

Ich wiederhole: Es ist äußerst wichtig, keiner Interpretation anzuhaften, die dein Verstand einer neuen Wahrnehmung zuordnet, *denn letztendlich wirst du sowieso alle Begriffe loslassen!*

Erkenne, dass das menschliche Unterbewusstsein voll ist mit Begriffen und Konzepten, die sich auf die größere Realität beziehen. Menschen haben sich darüber bereits vor langer Zeit abgestimmt, als sie noch offener für andere Realitäten waren.

Auf diese Weise ist der Begriff „Drache" in das menschliche Bewusstsein gelangt. Ich sehe in keiner Weise so aus, wie die Drachen in den menschlichen Kulturen dargestellt werden, aber als Mensch assoziierst du meine Gegenwart automatisch mit den Formen und Attributen, wie sie die Menschen den Drachen zugeordnet haben.

Irgendwann haben sich die Menschen darauf geeinigt, Drachen auf eine bestimmte Art zu illustrieren. Im Westen zeigen sie uns mit Flügeln, im Osten ohne. Dennoch beziehen sich beide Darstellungen auf dasselbe zugrundeliegende Gefühl, das sich in der Gegenwart eines Drachen einstellt. *Auf genau diese Art und Weise werden Realitäten gemeinschaftlich erzeugt.*

Dieses Verständnis von Realität, von Begriffen, Formen und Interaktionen ist der Schlüssel, um ein vollständig souveränes Wesen zu sein. Das souveräne Wesen erkennt, *dass alles erzeugt ist.* Es kann aus Interesse an der Erfahrung an jeder beliebigen Realität teilnehmen. Das souveräne Wesen aber bleibt nicht in einer Realität stecken, denn es weiß um seine eigene Vollständigkeit und dass es lediglich eine erzeugte Realität besucht. Dennoch wird das souveräne Wesen Bewunderung und Freude fühlen, wenn es die Potenziale der Schöpfung entdeckt oder wiederentdeckt.

Dies, mein Freund, sich vorwagen in *neue Realitäten,* ist der eigentliche Traum hinter dem Traum vom verkörperten Bewusstsein. Dies ist es, was wir *die dritte Runde der Schöpfung* nennen. Und ja, du und deinesgleichen, ihr seid die Portale zu diesem größten aller Träume. Ihr ebnet den Weg.

Ich bin Althar, der Türsteher. Schön, dich so nah zu sehen.

10. Das Ende des begrenzten Menschen

Ich bin Althar.

Lass mich die Diskussion über den Emotionalkörper und wie man ihn auflöst abschließen. Die Auflösung des Emotionalkörpers ist kein einfaches Unterfangen, auch wenn dein menschlicher Verstand dir sagt, dass dir das alles schon bekannt ist, dass es lediglich Psychologie für Anfänger ist, dass es nur ein langweiliger Spielplatz für Neulinge auf dem Weg der Realisierung ist. *Dennoch fordere ich dich auf, meinen Ausführungen zu folgen.*

Die Entwicklung des Emotionalkörpers markiert den Anfang der menschlichen Tragödie des Erzeugens falscher Identitäten, die ihn in Begrenzungen festhalten. Sie markiert den Anfang einer Reise durch viele Inkarnationen, in denen du versuchtest, falsche Identitäten zu verbessern und aufzupolieren; darunter eine ganze Reihe spiritueller falscher Identitäten.

Als dir langsam klar wurde, dass keine dieser Identitäten *echt* war, dass keine von ihnen jemals eine dauerhaft befriedigende Antwort auf die Frage „Wer bin ich?" geben konnte, hast du angefangen zu kapitulieren. Du hast angefangen, Überzeugungen und auch falsche Identitäten loszulassen.

Mit der Zeit hast du also mehr *Einfachheit* in deinen Emotionalkörper gebracht, mehr Klarheit, weniger Konfliktparteien. Du hast erlebt, wie sich mit jeder Vereinfachung dein Leben geändert hat.

Andere Menschen sind aus deinem Leben verschwunden, da sie sich nicht mehr mit deinem Emotionalkörper in Beziehung setzen konnten.

Aber mit der Auflösung des Emotionalkörpers bis ganz ans Ende zu gehen, ist nicht jedermanns Sache; zumindest nicht beim gegenwärtigen Stand des menschlichen Bewusstseins.

Was also tun? Ich könnte dich noch ein paar Äonen hätscheln. Ich könnte dir erzählen, wie wunderbar es ist, dass du auf dieser Reise bist, welche großartigen Dinge du für dich selbst und die gesamte Schöpfung vollbringst, wie unglaublich deine Einsichten sind, wie schwierig es ist, einen Emotionalkörper zu haben. Gut, da all das sogar stimmt, hätschle ich dich jetzt ein für allemal. Zzzz. Hast du es gefühlt? Prima, dann lass uns jetzt zur Sache kommen und uns anschauen, warum dieses Thema so heikel ist.

Mit dem Auflösen des Emotionalkörpers hörst du auf, ein begrenzter Mensch zu sein!

Es gibt einen Grund dafür, dass nur sehr wenige aufgestiegene Meister längere Zeit auf der Erde geblieben sind. Sie haben die Erde verlassen, *weil Hierbleiben zu schwierig war.*

Da es so bedeutend ist, wiederhole ich es noch einmal: *Mit dem Auflösen des Emotionalkörpers hörst du auf, ein begrenzter Mensch zu sein!*

Die noch verbliebenen kristallisierten Emotionen sind diejenigen, die dir am nächsten sind. Wenn sie zu dir sprechen, hörst du sie als deine eigene Stimme. Glaube mir, *das wahre Selbst verwendet keine Worte!*

Wann immer du zu dir selber sprichst, *ist es die Stimme einer falschen Identität.* Ich verwende das Wort *falsch,* weil sie genau das ist. Falsch heißt nicht schlecht. Es könnte die Stimme deiner Version von Mutter Theresa sein, die allem und jedem helfen möchte. Und viele würden dir applaudieren, wenn du es tätest. Dennoch, falsch bleibt falsch.

Wenn du im Einklang mit deiner eigenen Gewissheit bist, *dann weißt du.* Du magst es dann für dich verbalisieren, so dass dein Verstand besser akzeptieren kann, was dir zur Gewissheit geworden ist. Aber das unterscheidet sich sehr von dem inneren Flüstern falscher Identitäten, die sich nur erhalten und bestätigen wollen.

Wie ich bereits erwähnte, löst du die verbliebenen emotionalen Kristalle, indem du reines Bewusstsein in deinen Emotionalkörper bringst. Ich sagte, dass keine deiner Erzeugungen der Gegenwart reinen Bewusstseins standhalten kann, *wenn du zulässt, dass sie sich auflöst.*

Allerdings ergibt sich dabei ein Paradoxon. Wenn du als Mensch dein Gesicht im Spiegel beobachtest, erwartest du nicht, dass das Spiegelbild plötzlich verschwindet. Tatsache allerdings ist, *dass es durchaus verschwindet* – wie du es bereits selber erlebt hast. Als das passierte, warst du perplex, hast deinen Kopf geschüttelt und *sofort war das Bild zurück.*

Genau das gleiche wird passieren, wenn du in deinem reinen Bewusstsein zentriert bist und einen emotionalen Kristall beobachtest. *In dir gibt es eine tief verankerte Furcht vor dem eigenen Verschwinden.* In dem Moment, in dem du spürst, dass der Kristall verschwunden ist, wird sich diese Angst bemerkbar machen. Du wirst erschrecken, einen gewissen Fokus annehmen – *und schon ist der Kristall zurück.*

Jeder noch vorhandene emotionale Kristall ist etwas, auf das du dich in all deinen Inkarnationen bezogen hast. Genauso, wie du dich in diesem Leben auf dein Bild im Spiegel beziehst.

Kannst du so mutig sein und vertrauen, dass du auch dann noch existierst, wenn dein Gesicht im Spiegel verschwunden ist?

Jetzt kannst du vielleicht erkennen, warum ich sage, dass das Auflösen des Emotionalkörpers, das Auflösen der verbliebenen emotionalen Kristalle, das Ende des begrenzten Menschen bedeutet. Es ist das Ende des Feststeckens in einem begrenzten Bild von dir selbst.

Jetzt kannst du vielleicht sehen, warum nur so wenige den Mut haben, diesen Weg bis ans Ende zu gehen.

Jetzt kannst du vielleicht verstehen, warum das Verbleiben auf dem Planeten danach eine solche Herausforderung ist.

Es ist in etwa so, als wenn dich jemand dazu aufforderte, dich selber zu häuten und dennoch zu vertrauen, dass das, was anschließend übrig bliebe, ein freies und lebensfähiges Wesen wäre. Auch wenn dieser Vergleich sehr drastisch ist, so ist er aus der Perspektive des noch begrenzten

Menschen sehr zutreffend. All das bisher Gesagte klingt interessant und aufregend – bis zu dem Punkt, an dem es echt wird und *alles Unechte verschwindet.*

Dies ist der wesentliche Grund dafür, dass die meisten Menschen, die ganz bis zum Ende gegangen sind, ihre vollständige Realisierung erst in ihrem Sterbeprozess hatten. Andere verließen ihren Körper, während sie *alle* noch verbliebenen Bilder von sich selbst losgelassen haben. In diesem Augenblick, der für sie noch immer anhält, hatten sie die Wahrnehmung der völligen Integration von allem, was sie jemals waren, ein Gefühl von Ganzheit in sich selbst, die Glückseligkeit völliger Entspannung im wahren Selbst, die ungetrübte Klarheit über ihre gesamte Existenz. Eine überwältigende Schönheit.

Und dann, nachdem sie gerade diese Erfüllung erfahren haben, wieder zurückgehen in einen begrenzten menschlichen Körper und eine begrenzte menschliche Kultur? Um lächerlich gemacht zu werden? Um auf dem Scheiterhaufen zu landen oder ans Kreuz genagelt zu werden? Nur wenige haben das gemacht.

Ich bin Althar. Ich habe alles gesehen. Ich bin ein Zeuge der Menschheit seit Anbeginn.

Darum sage ich dir: *Gehe diese letzten Schritte langsam, wenn du bleiben möchtest.*

Das Beobachten eines emotionalen Kristalls ist kein Stare-Down wie bei Boxern. Es ist eher wie die Sonne, die ihr Licht und ihre Wärme ausstrahlt. Wenn sie auf einen Eiswürfel scheint, wird dieser schmelzen, aber die Sonne bleibt ungerührt.

Sobald du *erwartest,* dass der Kristall verschwindet, während du ihn beobachtest, fällst du zurück in das Ursache-Wirkungs-Schema. Das wird niemals funktionieren. Stattdessen verfestigt es die Existenz des Kristalls. Sei also einfach nur in deinem reinen Bewusstsein, in völliger Akzeptanz. Plötzlich wird der Kristall anfangen zu flackern, dann ist er weg. Du wirst das bemerken und sehr wahrscheinlich wird er dann wieder erscheinen, genauso, wie dein Bild im Spiegel zurückgekommen ist. *Du lässt das einfach zu!* Irgendwann wird der Kristall einfach verschwunden sein und nicht mehr zurückkommen. Du wirst das entspannt zur Kenntnis nehmen – und wir beide werden nicken und uns zulächeln.

Miss deinen Fortschritt nicht! *Es ist irrelevant, ob es einen Tag oder Jahrzehnte dauert.* Selbst wenn du heute noch sterben würdest, kannst du sicher sein, dass du den Kreis vollendest, sobald du deinen physischen Körper verlässt. Ansonsten wären du und deinesgleichen nicht so weit gekommen. Darum hast du also allen Grund, einfach nur zu entspannen.

Die verbliebenen emotionalen Kristalle, die dir jetzt am Ende bewusst werden, unterscheiden sich sehr von denen, die dir zu Beginn begegneten. Diese waren vergleichsweise schwach und lahm. Sobald sie nur etwas deinem reinen Bewusstsein ausgesetzt waren, sind sie auch schon verschwunden. Es ist so, als würdest du dir deine Kleidung ausziehen wollen. Kein Problem, denn du bist nicht deine Kleidung. *Aber jetzt geht es um deine Haut.*

Das Lustige dabei ist, dass du in dem Moment, wo du alles loslässt, bemerkst, dass nicht einmal ein Drache Haut hat. Warum auch *irgendetwas* herumschleppen? Es waren alles nur Erzeugungen, die in falschen Annahmen über die Realität wurzelten und von falschen Identitäten ausagiert wurden.

Und damit beende ich meine Ausführungen über den Emotionalkörper. Ich betone noch einmal, dass das Auflösen des Emotionalkörpers für dich und deinesgleichen *das Einzige von echter Wichtigkeit ist.* Alles Weitere, was ich noch mitzuteilen habe, wird in erster Linie nur eine Ablenkung sein, eine Ermunterung, während du in dieser Übergangsphase bist.

Ich bin Althar, deine persönliche Klarheit.

11. Die Essenz von Energie

Ich bin Althar.

Komm. Komm mit mir. Es ist Zeit, eine Reise zu machen. Eine Reise an einen Ort, den du schon lange vergessen hast. Spüre, wie unser beider Bewusstsein nicht voneinander getrennt ist. Spüre, dass obwohl unsere Körper nicht auf der physischen Ebene miteinander verbunden sind, du dennoch innerhalb meines Bewusstseinskörpers in jeder von dir gewählten Intensität und Klarheit präsent sein kannst. Auch während du das tust, kannst du gleichzeitig völlig gegenwärtig in deinem physischen Körper bleiben. Und tatsächlich ist das auch mein Rat: Wann immer du in andere Bereiche reist, sei es alleine oder zusammen mit mir, *halte gleichzeitig deine Präsenz in deinem Körper*.

Bewusstsein ist eine wunderbare Sache. Menschen tendieren dazu, zu denken, sie hätten davon eine gewisse Menge und wenn es geteilt wird, dann wären da zwei Teile mit jeweils nur halb so viel Inhalt. In Wahrheit kann Bewusstsein nicht im Sinne von Größe oder Volumen gemessen werden. Bewusstsein *ist*. Bewusstsein kann an so vielen Orten, wie es möchte, gleichzeitig wahrnehmen. Daher kannst du in der menschlichen Realität völlig präsent sein und gleichzeitig mit mir an andere Orte reisen, sogar an mehrere gleichzeitig.

Ich räume allerdings ein, dass der Mensch sich daran gewöhnen muss. Genauso, wie er lernen musste, gleichzeitig zu hören und zu sehen, muss er lernen, die Wahrnehmungen aus den verschiedenen Realitäten auseinanderzuhalten.

Nun komm, komm mit mir. Wir heben ab. Direkt in die Sonne. Ah, die Sonne. Für einen Drachen ist die Sonne die ultimative Entspannung, nachdem er nahe an der physischen Realität war. Wie alles in der physischen Realität hat auch die Sonne nicht-physische Schichten. Dorthin gehen wir. Dort *sind* wir bereits. Hier nehmen wir ein Bad. Bemerke, dass Hitze kein Problem für Bewusstsein ist. Stattdessen hilft sie, alle Spannungen loszulassen, die sogar ich als Drache annehme, wenn ich so nahe bei dir bin. Ich vermute, man kann sagen, dass die Sonne für einen Drachen wie die Sauna für einen Menschen ist.

Fühle die Energie der Sonne. Merke dir dieses Gefühl, denn wir werden später darauf zurückkommen.

Jetzt lass uns unsere Form schütteln, während wir in der Sonne schweben. Ich meine das ernst! Es hilft, alle Härte loszulassen, die so charakteristisch für die physische Realität ist. Während du dich in der Sonne schüttelst, beachte, wie dein menschlicher Körper reagiert. Dies ist ein weiterer Grund dafür, im Körper präsent zu bleiben, während du auf Reisen gehst. Die verschiedenen Teile deines Bewusstseins sind miteinander in Resonanz. Das gleiche gilt für deinen physischen Körper und den Teil deines Bewusstseins, der sich des Körpers bewusst ist. In dem Moment, in dem dein Bewusstsein in Freude ist, folgt dein Körper, weil er mitschwingt.

Sieh die Erde von der Perspektive der Sonne aus; so winzig und doch so wunderschön. Sieh deinen menschlichen Körper auf der Erde, wie er grinst, während du hier draußen bist. Ist Bewusstsein nicht eine wunderbare Sache?

Lass uns unsere Reise fortsetzen. Dreh dich um. Lass die Erde hinter dir. Das ist ein wichtiger symbolischer Schritt. Du entscheidest dich bewusst, alle erdgebundenen Begrenzungen loszulassen. Ja, du bleibst in Resonanz mit deinem menschlichen Teil, aber dennoch verlassen wir jetzt diese Realität.

Folge mir tiefer in die Sonne. Du kannst die Sonne als Portal betrachten, das dich aus der Physikalität hinaus führt. Du benötigst dafür zwar kein Portal, aber warum nicht einen beeindruckenden Abgang mit ein paar schönen Lichteffekten wählen, wenn du es kannst?

Wo wir hingehen? Wir gehen zu einem sehr speziellen Platz. Zunächst, nachdem wir die Sonne gerade verlassen haben, habe ich uns in das Nichts gebracht.

Ah, das Nichts. Die Sonne mag toll zur Entspannung sein, wenn man in der Physikalität war, aber das Nichts ist das Ultimative schlechthin, um *alles* loszulassen.

Fühle noch einmal deinen menschlichen Körper. Es scheint, als wäre er weit weg, richtig? Aber haben wir uns überhaupt bewegt? Nicht das kleinste Bisschen. Keinerlei Bewegung. Nur ein Teil unseres Bewusstseins hat sich anders ausgerichtet. Da du solange ein Mensch warst und immer noch bist, hast du die Essenz der Physikalität verinnerlicht. Deshalb wendest du automatisch das Konzept *Abstand* an. Hör damit einfach auf. Lass das Konzept Abstand einfach los.

Wie wäre es, wenn ich, Althar, zusammen mit dir und diesem Nichts genau auf der Nasenspitze deines menschlichen Körpers säßen? Stell dir das kurz vor. Wie du siehst, macht es keinerlei Schwierigkeiten. Sobald du das Bewusstsein von den physikalischen Attributen befreist, wird es sehr flexibel. Du kannst dir sogar mehrere Versionen von uns in deinen beiden menschlichen Händen vorstellen. Tue es einfach. Wiederum ist es überhaupt nicht schwierig.

Gut. Verlassen wir den Menschen, und reisen wir weiter. Ich habe bereits erwähnt, wie das wahre Selbst Energie erzeugt hat, und mit der Metapher von dem Ozean und dem Eimer habe ich deutlich gemacht, wie ich erzeugt wurde. Lass uns jetzt diesen Ozean besuchen. Wie wir das machen?

Wir fühlen einfach *die Essenz von Energie.*

Das klingt schwierig, ist es aber nicht. Du bist dir der Essenz deines Bewusstseins bewusst, deines wahren Selbst, deines „Ich existiere". Du bist daran gewöhnt, dorthin zu gehen und dann von dort aus direkt in eine Realität zu springen, meistens zurück in deine menschliche Realität.

Aber jetzt, anstelle eines solch großen Sprungs, *mache die kleinste Bewegung aus deinem wahren Selbst hinaus*, die du dir vorstellen kannst. Eine winzige, winzige Bewegung, eine minimale Verschiebung im Bewusstsein.

Erinnere dich an die Radios deiner Kindheit, bei denen du an einem Knopf drehen musstest, um die Empfangsfrequenz zu ändern. Manchmal musstest du extrem langsam drehen, um einen Sender *kurz vor* einem stärkeren Sender einzustellen.

Hier ist es sehr ähnlich. Für dein Bewusstsein erscheinen bereits erschaffene Realitäten sehr deutlich, und sie sind hoch attraktiv. Sie überstrahlen den Ring reiner Energie, der dein wahres Selbst umgibt – metaphorisch gesprochen, wie immer. Aber genau in diesen Ring aus reiner Energie möchten wir gehen.

Erlaube dir jetzt, diese winzige Verschiebung im Bewusstsein aus deinem wahren Selbst heraus zu machen. Entspanne dich dort hinein – und plötzlich bist du da. Du bist inmitten eines Ozeans aus reiner Energie, der *kristallisiertes Bewusstsein deines wahren Selbst ist.*

Fühle es. Dieses flüssige Licht ist das wahre Zuhause für jede Form und jedes Wesen, die jemals von deinem wahren Selbst hervorgebracht wurden.

Diese Energie bist du.

Diese Energie wird sich niemals gegen dich richten.

Und das ist es, woran ich dich erinnern wollte. Als ein Mensch bist du permanent im Überlebenskampf, da sich jede Energie in jedem Moment gegen dich richten könnte. Die Sonne mag warm auf deine Haut scheinen, aber setze die Haut der Sonne zu lange aus und sie wird dich verbrennen. Das Meer sieht lieblich und frisch aus, aber jede größere Welle könnte dich am Ufer zerschmettern.

Jetzt kannst du vielleicht erahnen, warum Wesen, die niemals auf der Erde inkarniert waren, sich einfach nicht vorstellen können, was Menschen in jedem Augenblick durchmachen. Unter allen Wesen in der gesamten Existenz sind es nur die Menschen, die völlig vergessen haben, wo sie herkamen.

Verweile in dieser Energie, denn sie ist dein Zuhause.

Verweile in dieser Energie und wisse – *sie wird sich niemals gegen dich richten*. Fühle es.

Nimm dir alle Zeit.

*

Fühle deinen Menschen auf der Erde! Auch dieser Teil deines Bewusstseins *weiß* jetzt wieder, genau wie der Teil, der hier ist *weiß*.

Fühle deine Biologie. Sie hat sich entspannt. Warum? Weil dein menschliches Bewusstsein seine Umklammerung und seine Forderungen an den Körper losgelassen hat. Der Körper kennt keine Angst vor dem Tod. Er ist sowieso in ständiger Veränderung. Er ist ganz zufrieden mit den physischen Energien, so wie sie sind – er besteht aus ihnen. Es waren die in deinem Emotionalkörper gehaltenen falschen Identitäten, die Angst vor Auslöschung hatten und darum den biologischen Körper dominierten.

Erinnere dich an die Energie der Sonne. Sie fühlte sich gut und entspannend an, stimmt's? Aber es gibt einfach keinen Vergleich zu dieser Energie von Zuhause.

Mein lieber Freund, ich werde dich jetzt verlassen. Dies ist dein Augenblick.

Du musst erneut eine Wahl treffen. Verlasse die menschliche Realität oder lasse einen Teil deines Bewusstseins in ihr. Das ist deine Entscheidung.

Wisse dies: Es gibt keinerlei Verpflichtung, wozu auch immer.

Wisse auch, dass du jederzeit hierher kommen kannst. Jederzeit.

Ich bin Althar, der Kristall-Drache. Es ist eine Freude, dich in Freude zu sehen.

12. Die Familie von Uriel

Ich bin Althar.

Lass uns über unsere spirituelle Familie sprechen, die Familie mit Namen Uriel. Wie du weißt, haben sich die Wesen einst zu Gruppen zusammengefunden, genauso, wie sich Menschen zu Gruppen zusammenschließen. Gemeinsam war es einfacher, der Existenz gegenüberzutreten, durch Erfahrungen zu gehen und der Frage „Wer bin ich?“ nachzugehen – oder auch ihr auszuweichen.

Genau wie Menschen, so empfinden auch die anderen Wesen eine gewisse Stabilität und Bequemlichkeit, wenn sie einige Glaubenssätze annehmen und sich sogar mit ihnen identifizieren können. Es ist so, als würde man mit seinen Freunden einen Kreis bilden und jeder klopft seinen Nachbarn auf die Schultern. Das fühlt sich recht gut an. Wenigstens weiß man so, dass man mit seinen Überzeugungen nicht alleine ist, also kann man damit so falsch wohl nicht liegen.

Dieser Mechanismus läuft immer noch so ab, *und zwar im gesamten Kosmos*.

Die Familie von Uriel ist dafür bekannt, *so nah wie möglich an der Quelle zu sein.*

Erinnerst du dich, was ich über meine Drachennatur gesagt habe? Sie ist so nah am wahren Selbst wie möglich und hat doch eine Individualität.

Ich werde nun versuchen, etwas zu vermitteln, das mit dem menschlichen Verstand nicht zu greifen ist. Der menschliche Verstand ist an Ursache und Wirkung gebunden. Er kann nur Abfolgen wahrnehmen, Progressionen. Ein Seinszustand muss auf dem Vorherigen basieren. Nun, diese Auffassung ist weit von dem entfernt, wie die Dinge wirklich sind. Aber um meinen Punkt deutlich zu machen, werde ich die zugrundeliegenden Prinzipien in ein Konzept verdrehen, das der Verstand in etwa akzeptieren kann.

Betrachte deinen menschlichen Körper. Er besteht aus Atomen, die wiederum aus einem Kern bestehen, um den Elektronen kreisen. Entsprechend den Erkenntnissen eurer Physik sind diese Elektronen ziemlich schnell. Unfassbar schnell, um genau zu sein. Du nimmst das als gegeben hin. Du nimmst einfach an, sie werden ihre rasende Bewegung auch im nächsten Moment fortsetzen. Dein menschliches Bewusstsein kümmert sich in keiner Weise um diese zugrundeliegende Physik. Es bewegt und nutzt diesen Körper einfach, ohne wirklich zu wissen, wie es das macht.

Mein Punkt ist folgender: Ein Teil des Bewusstseins vom wahren Selbst *akzeptiert eine gewisse Umgebung und beginnt in ihr Erfahrungen zu sammeln, ohne sich um die Details zu kümmern.*

Als die Wesen in die Existenz kamen, passierten viele Dinge gleichzeitig. Für deinen menschlichen Verstand könnte man auch „extrem schnell“ sagen, auch wenn es jenseits der Zeit war. Es ist eher so, als würde das nächste Ereignis das vorherige ändern, was wiederum eine verfeinerte Fassung des nächsten Ereignisses hervorbringt. Überzeugungen kamen auf, Energien wurden erzeugt, Strukturen wurden geschaffen, Bewusstsein ging außerhalb seiner selbst und begann, *in diesen Strukturen Erfahrungen zu machen, ohne sich dabei um die Details zu kümmern!*

Siehst du, so ist die Art und Weise eines Schöpfers. *Die Details kümmern sich um sich selbst.*

Plötzlich waren da Wesen außerhalb ihrer jeweiligen wahren Selbste. Gemäß der zugrundeliegenden Strukturen, *die sie als ihre Existenz-Plattform akzeptiert hatten,* begannen sie Erfahrungen zu sammeln. Sie erschufen Identitäten um ihre Erfahrungen herum. Und viele dieser Wesen stecken immer noch in den ersten von ihnen erzeugten Identitäten fest.

Die Familie von Uriel ist ein loser Zusammenschluss von Wesen, die sehr klar bezüglich ihrer wahren Selbste geblieben sind. Wo auch immer sie hingegangen sind, welche Emanationen auch immer sie ausgesendet haben, sie gingen mit der inneren Gewissheit dorthin, *dass alle Realitäten lediglich Erzeugungen sind.* Daher ist die Uriel-Familie auch bekannt als *die Überbringer des Lichts*, was besser ausgedrückt werden sollte als *die Überbringer reinen Bewusstseins.*

Ein Wesen der Uriel-Familie ist äußerst neugierig darauf, die Möglichkeiten der Schöpfung zu beobachten und die grundlegenden Design-Prinzipien zu entdecken, die die Schöpfung an sich überhaupt erst ermöglichen. Dadurch wird so ein Wesen gleichzeitig ein Abenteurer und Wissenschaftler. Ein solches Wesen ist *intensiv*. Es versucht immer, falsche Begriffe und Ansichten wegzuschneiden. Es ist immer bereit, sich selbst neu zu definieren. Es ruht nicht, bis es wieder einmal inmitten einer Realität steht und unzweifelhaft sowohl *sein wahres Selbst als auch die gegebene Realität umfassen kann.*

In deiner Erdrealität sind Menschen aus der Familie von Uriel gleichzeitig geliebt und gefürchtet. Sie werden geliebt, denn sie strahlen eine gewisse Klarheit aus, die recht leicht zu spüren ist. Sie werden gefürchtet, weil diese Klarheit die falschen Identitäten anderer ans Licht bringt.

Deshalb wird der Drache auch meistens als aggressiv dargestellt. Er muss vom Ritter getötet werden, damit dieser die Zuneigung der Prinzessin gewinnt oder damit er den Schatz erobert, den der Drache beschützt. Allerdings sind die falschen Identitäten des Ritters das Einzige, was getötet werden muss. Und wer immer einem Drachen oder einem Wesen der Uriel-Familie nahekommt, sollte sich dessen bewusst sein. Wahre Liebe erwartet denjenigen, der so mutig ist, dem Drachen zu begegnen und so seine falschen Identitäten ablegt. Die anhaltende Liebe des wahren Selbst, der Schatz, der immer schon im Inneren vorhanden war, wird wieder zugänglich.

Da ist eine weitere Sache, die bezüglich der Familie von Uriel erwähnt werden sollte. Sie waren mit die ersten Wesen, die als Gruppe das *Prinzip des Aufstiegs* entdeckt und in gewisser Weise sogar erfahren haben. Sie kamen zur Akzeptanz ihrer wahren Selbste als vollständige Schöpferwesen jenseits der Frage „Wer bin ich?“. Sie zogen dann los und versuchten, andere Wesen darauf aufmerksam zu machen – und für gewöhnlich scheiterten sie dabei.

Als es dann darum ging, die Konsensus-Realität *Erde* gemeinsam mit allen Familien zu erschaffen, war die Familie von Uriel eine der treibenden Kräfte. Nicht nur wegen ihrer „technischen“ Fähigkeiten, die sie während des Studiums der Schöpfungsprinzipien erworben hatten, sondern auch, weil sie das Potenzial für viele sahen, den Aufstieg zu realisieren, wenn die Dinge sich in extremer Zeitlupe entfalteten. Die Mitglieder von Uriel waren von dem Konzept begeistert, und man kann sagen, dass sie sehr aktiv dabei waren, andere Wesen für das Eintauchen in diese Erfahrung zu rekrutieren.

Mein lieber Freund, wie du vor nicht allzu langer Zeit realisiert hast, wurde dies zu einer großen Last für dich und deinesgleichen. Darüber hinaus diente es als Grund, den eigenen Aufstieg hinauszuzögern.

Die Wege der Menschen waren und sind immer noch in vielerlei Hinsicht sehr brutal, und viele Wesen hängen auf der Erde seit langer Zeit fest. Man könnte sagen, die Idee mit der Erde war genial, aber ihr Design hatte ein paar Fehler. Daher fühlten du und deinesgleichen eine gewisse Schuld. So als ob ihr falsche Versprechungen gemacht hättet. Und obwohl ihr vor vielen Leben schon hättet gehen können, kamt ihr wieder und wieder und wieder; immer in der Hoffnung, etwas zu reparieren, dass ihr irgendwie fehlerhaft fandet; in der Hoffnung, etwas Schuld abzutragen. Auch in der Hoffnung, anderen wahres Bewusstsein zu zeigen, so dass sie sich selbst befreien könnten.

Weißt du was – *lass das los!* Auch das ist nur eine weitere falsche Identität. Vielleicht eine von der nobleren Sorte, aber inzwischen doch sehr antiquiert und angestaubt. Auch wenn du für dich reklamierst, das bereits abgelegt zu haben, so lugt es dennoch hier und da ein wenig hervor, und wird das nicht ziemlich langweilig?

Wir haben aus den Erfahrungen mit der Erde gelernt. Neue Erden werden erschaffen; verbesserte Versionen könnte man sagen. Den Wesen, die auf deiner Erde sind, geht es soweit gut. Sie durchleben Erfahrungen, die sie in alle Ewigkeit schätzen werden.

Für dich, mein Freund, ist es an der Zeit, die Erdrealität so anzunehmen, *wie sie ist.* Mache deinen Frieden mit ihr. *Erfreue dich an ihr, solange du dort bleibst.*

Ich werde bei dir sein, um dich daran zu erinnern. Wenn du diesen feurigen Atem in deinem Nacken spürst, dann bin ich das, Althar, der dich daran erinnert, wer du wirklich bist.

Ich stupse dich an, damit du dich energetisch in deinem menschlichen Körper umdrehst, um mir ins Angesicht zu schauen, um deinem wahren Selbst ins Angesicht zu schauen, *um alle irdischen Sorgen loszulassen.* Die Details kümmern sich um sich selbst.

Ich bin Althar, ein Überbringer reinen Bewusstseins.

13. Das Prinzip des Aufstiegs

Ich bin Althar.

Lass mich noch etwas mehr über die Familie von Uriel ausführen, auch wenn die Rollen der Familien sich dem Ende zuneigen, denn sobald ein Wesen vollständig realisiert ist, geht es über seine Familie hinaus.

Ich sagte, dass die Wesen, die diese Familie bilden, nur lose verbunden sind. Sie sind deswegen nicht eng verbunden, weil sie gerade *keine* Menge an gemeinsamen Glaubenssätzen haben. Vielmehr teilen sie die gleiche Gewissheit hinsichtlich ihres jeweiligen wahren Selbst. Daher schätzen sie einander, sie mögen es, sich zusammenzufinden und gegenseitig auszutauschen, aber *sie benötigen sich nicht gegenseitig*, um ihre Existenz zu bestätigen.

Auch wenn ich hier über die Eigenschaften der Uriel-Familie spreche, so bedeutet das nicht, dass diese ausschließlich dort vorhanden wären. Natürlich teilen und erforschen auch andere Familien diese Charakterzüge, typischerweise allerdings in Verbindung mit weiteren primären Interessen. Es ist lediglich so, dass die Wesen von Uriel sich nahezu ausschließlich davon angezogen fühlen, die Wege des reinen Bewusstseins zu ergründen. Sie sind nicht so sehr von der Fülle anderer Potenziale angezogen oder, wie manche sagen, abgelenkt.

Ich sagte ebenfalls, dass die Wesen der Uriel-Familie unter den ersten waren, die das Prinzip des Aufstiegs entdeckten. Ich möchte dies etwas näher erläutern. Für den menschlichen Verstand wird es wiederum etwas schwierig zu fassen sein, aber dennoch möchte ich es versuchen.

Alles außerhalb des wahren Selbst ist lediglich eine Erzeugung. Des Weiteren ist das Erzeugen in den nicht-physischen Bereichen *augenblicklich*, weswegen es schwierig ist, die ursprüngliche Intention vom Resultat zu unterscheiden. Außerdem bringt eine Änderung der Intention sofort eine Änderung dessen hervor, was zuvor erschaffen wurde. Vereinfacht ausgedrückt könnte man sagen, nicht-physisches Erschaffen ist recht flüssig und unscharf. Deswegen ist es für einen Menschen, der seine Achtsamkeit in diese Regionen bringt, auch so schwierig, etwas für seinen Verstand Sinnvolles wahrzunehmen. Die Dinge scheinen sich ständig zu ändern. Und genau das tun sie!

Jetzt stelle dir ein Wesen in den anderen Bereichen vor, das der Frage "Wer bin ich?" nachgeht. Dieses Wesen hätte plötzlich einen Durchbruch, eine Einsicht in die Natur seines wahren Selbst. Aber genau wie alles andere dort draußen recht flüchtig und unscharf ist, *so ist es auch diese Realisierung des wahren Selbst.* Es verbleibt ein gewisser Zweifel über die Gültigkeit der Erkenntnis. Ist sie vielleicht nur eine weiter Erschaffung? Nur ein schönes Konzept? Und gleichgültig wie authentisch die Erkenntnis auch war, so wird das Wesen einen gewissen Zweifel darüber doch nicht los.

Dies ist der Grund, warum ich es das *Prinzip des Aufstiegs* nenne, wenn es in den anderen Bereichen passiert. Es ist nahe am echten Aufstieg dran, sehr nahe, aber noch nicht so richtig – ein Restzweifel verbleibt.

Im Gegensatz zu den nicht-physischen Bereichen erscheint die physische Realität so unglaublich fest und massiv zu sein, so extrem langsam. Sie ist so sehr Ursache und Wirkung. Zwar ist sie auch nur eine Erzeugung, *aber für den Menschen erscheint sie real zu sein.* Real in einem so rigiden Sinne, dass viele Menschen dafür kämpfen, dass es die einzige Realität sei.

Das Gute an dem Ganzen ist, dass jede in dieser festen, rauen Zeitlupenrealität errungene Erkenntnis *eine enorme Gültigkeit für das wahre Selbst hat!*

So eigenartig das für dich klingen mag, aber das wahre Selbst hat plötzlich *Gewissheit,* dass seine vorherige Intuition über den Aufstieg *echt* war, denn du bist der lebende Beweis!

Du hattest als Mensch alles über dich selbst vergessen, gerade so wie es dem wahren Selbst erging, als es seiner eigenen Existenz bewusst wurde – *und du bist zu der gleichen Erkenntnis gelangt!* Trotz aller Schwierigkeiten. Trotz aller Schmerzen. Trotz aller Ablenkungen.

*

Lieber Freund, lass uns jetzt die Gangart wechseln.

Ich bin Althar, der Kristall-Drache.

Es gab Zeiten auf der Erde, in denen die Menschen sich uns mehr bewusst waren. Manche hatten eigene Drachen-Aspekte und sie wussten darum. Andere fühlten die Präsenz der Drachen als Botschafter der Schöpfung.

Mit der Zeit haben die Menschen aufgehört uns wahrzunehmen. Man könnte sagen, sie haben es vergessen. Man könnte sagen, sie haben ihre erweiterte Wahrnehmung verengt. Man könnte auch sagen, dass die Drachen sich etwas zurückgezogen haben. All das ist richtig.

Jetzt allerdings erkläre ich: *Die Drachen kommen zurück. Nicht nur wenige, sondern in großer Zahl.*

Wir werden uns für diejenigen wahrnehmbar machen, die offen und mutig genug sind, sich in die Gegenwart reinen Bewusstseins zu begeben.

Wir kommen nicht, um uns in irgendetwas einzumischen. Wir kommen, um als *Katalysatoren* zu dienen.

Darum bitte ich dich um Folgendes: Erwäge, diese Mitteilungen einem größeren Publikum zugänglich zu machen. Wie du selbst erfahren hast, erfordert das Akzeptieren von Drachen in deiner erweiterten Realität oder gar das Anerkennen eines Drachen-Aspekts als Teil von dir einen gewissen Bewusstseinssprung. Dabei kann es sehr hilfreich sein, von anderen zu wissen, die die gleiche Erfahrung teilen.

Ich bin Althar, der Ältere.

14. Mehr über Drachen und Kristall-Drachen

Ich bin Althar.

Du möchtest also mehr Klarheit über Drachen und speziell über die Kristall-Drachen haben.

Als ich mich vorstellte, sagte ich, ein Kristall-Drache ist ein Führer. Auch wenn ich den Begriff „Führer“ verwende, so ist ein Kristall-Drache doch sehr verschieden von dem, was Esoteriker unter Engelsführern verstehen.

Wir beide sind aus demselben wahren Selbst hervorgegangen, so dass man in einem gewissen Sinne sagen kann, wir sind ein Wesen. Als Analogie betrachte deinen menschlichen Körper. Deine Augen und dein Magen gehören zu deinem Körper, sie teilen die gleiche DNS, aber dennoch funktionieren, erfahren und interpretieren sie ihre jeweilige Umgebung völlig anders. Weil ihre Erfahrungen so unterschiedlich sind, wäre es sehr schwierig für deinen Magen, Einsichten des Auges in „Magen-Sprache“ auszudrücken oder umgekehrt. Dafür gibt es allerdings dank eines guten Designs keine Notwendigkeit. Augen und Magen operieren auf einer Basis geteilter Gewissheit, jeder in seinem eigenen Bereich, aber doch sich wechselseitig gewahr.

Die Beziehung zwischen dir und mir ist ähnlich. Ich, der ich die Augen repräsentiere, habe den Vorteil, durch sehen einen Überblick gewinnen zu können. Ich kann unseren gemeinsamen Körper in seiner Gesamtheit wahrnehmen. Du hingegen, der den Magen repräsentierst, hast den Vorteil, von sehr vielen äußeren Einflüssen abgeschirmt zu sein, so dass du dich extrem auf die Aspekte der Umgebung fokussieren kannst, die deine sinnliche Wahrnehmung noch erreichen.

Also was führen Drachen? *Drachen führen Energien.*

Drachen helfen dabei, die Bühnen der Schöpfung vorzubereiten und zu erhalten, so dass andere Wesen *auf diesen Bühnen Erfahrungen machen können.*

Betrachten wir ein Kaleidoskop. Was für eine großartige Erfindung! Man nehme ein paar Spiegel, die sich in bestimmten Winkeln gegenseitig spiegeln, füge ein paar bunte Glasscherben hinzu und als Ergebnis erhält man atemberaubend schöne Formationen. Nehmen wir an, du seist eine solche Glasscherbe, die gemeinsam mit ein paar Freunden und auch nicht so guten Freunden in diese Spiegelanordnung eintaucht. Jede Scherbe kann sich individuell bewegen, wodurch ständig neue Formationen entstehen. Zusätzlich rotieren die Spiegel von ganz alleine, so dass die Gegebenheiten sich ständig verändern.

Klingt aufregend, nicht wahr? Kannst du die Schönheit in der *Einfachheit des Designs* erkennen, die eine unendliche Anzahl von wunderschönen Anordnungen, Ausdrücken und Erfahrungen erlaubt? So etwas begeistert Drachen.

Der Aufbau der Erde ist dem eines Kaleidoskops vergleichbar, obgleich er sehr viel verfeinerter ist. Er benötigt sehr viele Spiegel auf sehr vielen energetischen Ebenen. Die Rolle der Drachen ist es, die Spiegel zu manifestieren, sie in ihrer Form und in Bewegung zu halten. Das ist eine andere Art auszudrücken, dass Drachen Energien führen.

Daher kennen insbesondere eure östlichen Kulturen so viele an die Natur gebundene Drachen. Sie assoziieren Drachen nicht nur mit den Grundelementen wie Feuer und Wasser, sondern auch mit Flüssen, Bergen und Bäumen. Und das zu Recht.

Dies ist also die hauptsächliche Aufgabe von Drachen, die sie nicht nur für die Erde, sondern in allen Realitäten erfüllen.

Jetzt nimm an, du wärst ein Spiegel in einem Kaleidoskop. Das ist eine völlig andere Rolle als die der Scherbe und du nimmst eine komplett andere Perspektive ein. *Jetzt bist du dir des zugrundeliegenden Designs bewusst.* Du beobachtest, wie die Scherben voller Staunen ihre Realität erkunden. Auf diese Weise gewinnst du eine Menge Klarheit über die von dem Kaleidoskop erzeugte Realität, über das induzierte Verhalten der Scherben und welche Einsichten ihnen möglich werden. Dennoch ist der Dienst als Spiegel eine völlig andere Erfahrung, verglichen mit der einer Scherbe, *die die Erfahrungen durchlebt.*

Das ist der Grund, warum weder ich, Althar, noch die anderen herbeikommenden Drachen da sein werden, um etwas zu lehren oder um uns irgendwo einzumischen. Wir kommen, um diejenigen bei der Entwicklung größerer Klarheit zu unterstützen, die danach fragen und *die bereit sind, ihre begrenzte Existenz als bunte Scherbe loszulassen*. Eine Scherbe zu sein, ist für eine Weile ganz interessant. Aber der eigentliche Grund, warum die Scherbe überhaupt in ihre Verkleidung geschlüpft ist, war, schließlich zurück zu ihrer Ganzheit zu finden.

Auch Drachen entwickeln sich. Sie wechseln mit der Zeit ihre Rollen. Durch das Dienen als Führer verschiedener Energien und das Beobachten der Wesen, die in diesen Energien spielen, gewinnen sie an Weisheit. Sie gewinnen ein besseres Verständnis für Energie-Designs. Sie gewinnen Verständnis für die Wege des Bewusstseins.

Nicht alle Menschen haben ein Drachen-Selbst, und nicht alle Drachen haben ein Menschen-Selbst. Bei gegenseitigem Interesse kann sich ein Mensch mit jedem Drachen verbinden. Wenn aber ein Drache mit einem Menschen *verschmilzt*, bedeutet das üblicherweise, dass beide demselben wahren Selbst entstammen. Darüber hinaus bedeutet es, dass *beide* für diese Erfahrung bereit sind. Beide lassen ihre Sperrfilter los, die sie zum Abschirmen ihres jeweiligen Bewusstseins eingesetzt hatten. Des Weiteren gibt der Drache seine Rolle als Führer von Energie auf.

Eine solche Erfahrung ist für einen Drachen nicht weniger aufregend als für einen Menschen! Denn nicht nur der Mensch kann durch die Augen des Drachen sehen, sondern auch der Drache *kann durch die Augen des Menschen sehen!* Es ist ein Geschenk, das Drache und Mensch sich gegenseitig machen. Nenne es eine Liebesaffäre, der ein Happy-End vorherbestimmt ist.

Natürlich entwickelt der Drache sich weiter, auch nachdem er mit einem Menschen verschmolzen ist. Wenn der Mensch stirbt, setzt der Drache seine Drachenexistenz fort. Er ist dann bereichert durch Weisheit, die er während der engen Nähe zum Menschen erlangt hat.

Es gab Zeiten, in denen sich Menschen und Drachen näher waren und das Verbinden und sogar das Verschmelzen von Mensch und Drache nichts Ungewöhnliches war. Ein Drache, der durch einige Verbindungen oder Verschmelzungen mit Menschen oder seinen menschlichen Selbsten gereift ist, wird Kristall-Drache genannt.

Beachte, dass es unter den Drachen keinerlei Hierarchie gibt. Ein Kristall-Drache ist nicht etwa besser als ein Feuer-Drache. Wir stufen einen Diamanten nicht höher ein als Kohle. Tatsächlich stufen wir überhaupt nichts ein. Wir staunen nur über die Vielfalt an möglichen Schöpfungen. Und wir wissen, dass jeder Diamant wieder zu Kohle wird, wenn er einer ausreichend starken Hitze ausgesetzt wird.

Dennoch haben Drachen aufgrund ihrer eigenen Natur eine Hochachtung vor Weisheit.

Daher ehren sie auf natürliche Weise diejenigen, die bereits viele Erfahrungen gemacht haben. Das gilt für Drachen untereinander, und es gilt insbesondere in Bezug auf Menschen.

Ich bin Althar, ein Kristall in dem wunderschönen Kaleidoskop der Schöpfung.

15. Die dritte Runde der Schöpfung

Ich bin Althar.

Du fragst also nach der dritten Runde der Schöpfung.

Dieser Begriff wird primär innerhalb der Familie von Uriel verwendet. Die erste Runde der Schöpfung war das ursprüngliche Bewusstsein. Es *war* einfach. Plötzlich nahm es seine eigene Existenz wahr und fragte sich „Wer bin ich?" und dadurch barst es in das Sein. In gewissem Sinne könnte man sagen, dass es sich selbst in individualisierte Fragmente aufgeteilt hat. Wir nennen jedes dieser Fragmente *wahres Selbst*; reines Bewusstsein jenseits von Identität, aber dennoch individualisiert und souverän.

Diese Aufteilung war *endgültig*. Es gibt keinen Weg, sich jemals wieder zu vereinigen, genauso wenig wie sich der Pollen einer Blume wieder mit der Blume vereinigen könnte, aus der er kam. Nichtsdestotrotz ist da eine Erinnerung an diese ursprüngliche Einheit und eine Sehnsucht danach, dorthin zurückzukehren. Nenne es das ursprüngliche Trauma, das einhergeht mit der plötzlichen Erkenntnis von „Ich existiere".

Wenn eine Zelle aus deinem Körper entfernt wird, wird sie sterben. Sie hat ihr größeres Sein verloren und keine Möglichkeit, alleine zu überleben. Eine Zelle benötigt zu ihrem Erhalt von außen kommende Energie, die dann so durch den gesamten Körper transformiert werden muss, dass die Zelle und der Körper in seiner Gesamtheit überleben können.

Bewusstsein hingegen *ist.* Es benötigt keinerlei Energie von außen, um das eigene Sein aufrechtzuerhalten. Daher haben diese ursprünglichen wahren Selbste *einfach weiterexistiert.* Selbst wenn sie sterben wollten, selbst wenn sie ihre Existenz aufgrund der völligen Abwesenheit des ursprünglichen Bewusstseins loswerden wollten, *so konnten sie es nicht!* Sie fuhren fort zu *sein* und sie blieben in dieser völligen Nichtsheit. Menschen sprechen von einem Geburtstrauma. In Wirklichkeit ist dieses Trauma Teil des menschlichen Designs, um das ursprüngliche Trauma zu imitieren. Wie du siehst, sind die Dinge *im Kern immer einfach.*

Beachte, dass die ursprüngliche Fragmentierung sich sehr von der Art unterscheidet, wie dein wahres Selbst Wesen oder Repräsentationen seiner selbst hervorbringt. Was auch immer es jemals hervorgebracht hat, *hat das Potenzial, sich wieder mit dem wahren Selbst zu vereinen.* Jeder Mensch kann von Inkarnation zu Inkarnation gehen und niemals zum wahren Selbst zurückkehren. Das ist die Freiheit des Menschen. In dem Moment allerdings, in dem der Mensch wählt, sich wieder mit seinem wahren Selbst zu vereinen, *kann er das tun.* Es mag eine Weile dauern, sogar einige Leben, aber letztendlich wird es klappen.

Wir nennen das Erkunden der schöpferischen Fähigkeiten der wahren Selbste *die zweite Runde der Schöpfung.* Allerdings schwingt hier immer die Frage „Wer bin ich?“ mit, einhergehend mit einem tief verwurzelten Selbstzweifel bezüglich ihrer eigenen Existenz *außerhalb des ursprünglichen Bewusstseins.* Wir nennen das auch *die Wunde der Schöpfung*.

Wenn ein Mensch sein wahres Selbst realisiert, ohne jeden Zweifel daran, nicht als ein Konzept, sondern als eine lebendige Erfahrung, wenn ein Mensch schließlich aufhört, sich selbst infrage zu stellen und zu der Einsicht kommt „Ich bin, was ich bin!", dann beendet dieser Mensch sowohl die Suche als auch den Selbstzweifel stellvertretend *für die Gesamtheit seines wahren Selbst.*

Jetzt endlich akzeptiert sich das wahre Selbst in seiner Ganzheit selbst. Jetzt endlich hört das wahre Selbst auf, Energiespiele welcher Art auch immer zu spielen. Jetzt endlich nimmt das wahre Selbst sein eigenes Schöpfertum an. Jetzt endlich ist das wahre Selbst frei, ohne Hintergedanken zu erschaffen, *da keine falsche Identität oder Suche nach Identität oder Selbstzweifel die Schöpfung mehr verzerrt.*

Siehst du, ohne diese letztendliche Akzeptanz trägt jede Schöpfung auf irgendeine Art die Frage „Wer bin ich?" in sich. Jede Schöpfung wird durch diese nagende Unsicherheit verzerrt, durch diese Sehnsucht nach Ganzheit. Selbst die vom wahren Selbst erzeugte reine Energie hat diesen Geschmack.

Jetzt, wo die Suche beendet und der Zweifel verschwunden ist, *ändert sich auch die reine Energie des wahren Selbst.* Sie spiegelt die volle

Akzeptanz, die das wahre Selbst von sich als Schöpferwesen gewonnen hat. Man könnte sie jetzt auch *neue Energie* nennen.

Lieber Freund, kannst du den Traum fühlen, der dem Aufstieg zugrunde liegt?

Aufstieg ermöglicht unverzerrte Schöpfung!

Das ist es, was wir die dritte Runde der Schöpfung nennen. Fühle es. Einfach nur fühlen, und lasse es einen Moment in dich einsinken.

*

Es gibt eine offene Frage, die insbesondere hinsichtlich deiner Erdrealität interessant ist: Kann unverzerrte Schöpfung gemeinsam mit der zweckgebundenen Schöpfung der zweiten Runde existieren?

Bisher hat darauf niemand eine Antwort. Aus diesem Grund haben du und deinesgleichen sich entschlossen, solange das höchst mögliche Bewusstsein auf der Erde zu verkörpern, *wie es euch möglich ist.* Das geschah teilweise aus Überresten des Wunsches, anderen zu helfen, teilweise, weil ihr im Laufe der Zeit die Erde, ihre Natur und sogar die Menschheit liebgewonnen habt, so dass es euch schwerfällt, diese zu verlassen. Aber im Wesentlichen geschah es, *weil es ein so großes Abenteuer ist.*

Ein aufgestiegenes Wesen hat prinzipiell die Möglichkeit, das zu tun, was das ursprüngliche Bewusstsein getan hat: in das Sein zu bersten. Es kann individualisierte Teile seiner selbst gebären, ihnen völlige Freiheit zugestehen, jedoch ohne einen Weg zurück. Dieses Mal allerdings werden die Teile nicht die Frage „Wer bin ich?“ in sich tragen. Sie werden von Beginn an *wissen,* was sie sind. Sie werden noch nicht einmal mit der ganzen Historie an Erlebnissen belastet sein, die zu dieser letztendlichen Realisierung geführt hat. So werden sie vollkommen *frisch* sein.

Die dritte Runde der Schöpfung bedeutet *unverzerrte Schöpfung;* keine zugrundeliegende Frage mehr zu beantworten, kein Zweifel mehr auszulöschen, einfach *Schöpfung um der Schöpfung willen.*

Kannst du die damit einhergehende Aufregung fühlen? Kannst du die Großartigkeit des Bewusstseins erkennen? Ganz egal, wie anstrengend, langweilig, oder schmerzhaft deine persönliche Lage auf der Erde gerade ist, gehe in Resonanz mit diesem größeren Bild und spüre die Erleichterung und Freude, die es dir bringen wird.

Bleibe noch auf der Erde oder gehe, so wie es dir beliebt. Unabhängig davon, wie du wählst, wird die Schöpfung in ihre dritte Runde eintreten. Das wurde nur möglich dank des Weges der Menschen, dank deines Weges, lieber Leser.

Ich bin Althar, ein Botschafter der Schöpfung, in Verehrung des Weges der Menschen.

16. Eine Anmerkung vom wahren Selbst

Ich bin Aouwa.
Ich bin deine Quelle.
Ich bin ruhig.
Ich weiß, wer ich bin.
Ich bin frei.

Ich habe jede Notwendigkeit abgelegt,
mich zu mir selbst zu spiegeln.

Ich erschaffe aus Freude am Erschaffen.

Ich werde immer wieder
über mich selbst hinausgehen,
denn das ist meine Natur.

Existieren Drachen?
Existieren Menschen?
Existieren Träume?

Ich bin Althar.
Althar ist eine Emanation von mir.
Ich bin du.
Du bist eine Emanation von mir.
Was auch immer ich ins Leben träume,
wird zu Leben.

Du, Mensch, hast eine Wahl.

Du hast alles gehört.
Gehört durch so viele Stimmen.
Gehört in so vielen Ausdrücken.
Gehört durch Althar.
Gehört in deinem eigenen Herzen.

Lieber Freund!
Ich lade dich ein.
Ich lade dich ein, dich in mich hinein zu entspannen.
Ich lade dich ein, das Unbegrenzte zu erfahren.
Ich lade dich ein, in Frieden mit dem Selbst zu sein.
Ich lade dich ein, das unbegrenzte Potenzial
zu verkörpern;
das Potenzial des unverzerrten Erschaffens.
Es ist deine Wahl.

Du fragst, was tun in deinem menschlichen Leben?
Denke nicht wie ein Mensch.
Fühle nicht wie ein Mensch.
Stattdessen, sei in Einklang mit mir.
In jedem Moment.
Ich bin hier.
Ich war immer hier.
Ich bin du.

Wenn du im Einklang mit mir bist,
empfange den Moment.
Jeden Moment.
Einfach empfangen.
Dadurch wirst du dich selbst erkennen,
in Allem, was ist.

Dann magst du mit mir gemeinsam sagen:
Ich bin Schöpfung, darum bin ich frei!

16003808R00053

Printed in Poland
by Amazon Fulfillment
Poland Sp. z o.o., Wrocław

Trois Leçons sur l'État-providence

Dans la même collection

DERNIERS TITRES PARUS

Bruno TERTRAIS
La Guerre sans fin (2004)

Thierry PECH, Marc-Olivier PADIS
Les Multinationales du cœur (2004)

Pascal LAMY
La Démocratie-monde (2004)

Philippe ASKENAZY
Les Désordres du travail (2004)

François DUBET
L'École des chances (2004)

Éric MAURIN
Le Ghetto français (2004)

Julie ALLARD, Antoine GARAPON
Les Juges dans la mondialisation (2005)

François DUPUY
La Fatigue des élites (2005)

Patrick WEIL
La République et sa diversité (2005)

Jean PEYRELEVADE
Le Capitalisme total (2005)

Patrick HAENNI
L'Islam de marché (2005)

Marie DURU-BELLAT
L'Inflation scolaire (2006)

Jean-Louis MISSIKA
La Fin de la télévision (2006)

Daniel COHEN
Trois Leçons sur la société post-industrielle (2006)

Eric MAURIN
Le Ghetto français (2006)

Louis CHAUVEL
Les Classes moyennes à la dérive (2006)

François HÉRAN
Le Temps des immigrés (2007)

Dominique MÉDA, Hélène PÉRIVIER
Le Deuxième Âge de l'émancipation (2007)

Thomas PHILIPPON
Le Capitalisme d'héritiers (2007)

Youssef COURBAGE, Emmanuel TODD
Le Rendez-vous des civilisations (2007)

Robert CASTEL
La Discrimination négative (2007)

Laurent DAVEZIES
La République et ses territoires (2008)

Loïc BLONDIAUX
Le Nouvel Esprit de la démocratie (2008)

Jean-Paul FITOUSSI, Éloi LAURENT
La Nouvelle Écologie politique (2008)

Christian BAUDELOT,
Roger ESTABLET
L'Élitisme républicain (2009)